近江の平城《おうみのひらじろ》

高田 徹［著］

はじめに

滋賀県には、およそ一三一〇もの中世城館が存在した(註1)。「およそ」を冠したのは、その中には城館であるかどうかはっきりとしない、疑義を有する遺跡を含んでいるからである。さりとて、それらを除いたとしても一〇〇〇以上の中世城館が存在するのは疑いないところである。これらの中には、日本城郭協会による日本一〇〇名城の小谷城(長浜市)、観音寺城(東近江市・近江八幡市)、安土城(近江八幡市・東近江市)、続日本一〇〇名城の近江八幡城(近江八幡市)、鎌刃城(米原市)といった著名な山城を含んでいる。城郭に興味を持つ人、好きだと言う人が何と多くなったことか。昨今の城郭ブームにより、こうした山城を訪れる観光客は毎年増加傾向にある。

筆者は今を去る四十数年前、母親に頼んで安土城を訪ねたことがある。思えば、これが筆者にとって初めて滋賀県内の城郭を見て回った時であった(その日の午前中、彦根城を見た後、足を伸ばした)。初秋の日曜日であったが、広い城内では誰に会うこともなかった。静まりかえり、木立で薄暗い大手道は不気味でさえあった。

ところが、今はどうだろう。平日であっても、多くの人たちが大手道を上り下りし、天守(主)台上では汗を拭きながら眺望を楽しむ人、人、人である。隔世の感があるとは、こういうことなのであろう。

さて現在の安土城大手道の入口では、無料で杖が貸し出されている。お年寄りや足もとに自信のない方等が主に利用している様子である。杖に助けを借りて登れるのならば良いのだが、なかには大手道を前にして登ることを断念した方もいるのではないか。

安土城の尾根続きにある観音寺城は、日本有数の巨大城郭であり、広大な城域のあちこちに見事な石垣を止めている。広大であるだけに、端々の遺構まで見て回ろうとすると、かなりの時間を要する。足元が不安定な場所も多い。山城全般は女性や子供の単独行動が危惧される状況もある。丘のような山城であっても、油断はできない。増加しつつある野生生物と遭遇する恐れもある。

滋賀県には先に挙げた城郭の他にも著名な山城がある。著名ではなくても、技巧的な優れた山城も数知れない。ここで強く主張したいことがある。城郭とは何も山城ばかりではないのだ。滋賀県には平地に築かれた平城、平地に隣接して築かれた城郭も相当数ある。本書ではこれらを総称して平地城館と呼ぶ(註2)。それらは耕地となったり宅地となったり、さまざまな開発行為によって多かれ少なかれ破壊・改変されてしまっている。わずかに堀・土塁が残っていればまだ良い方で、今となっては石碑一つしかない城館もある。石碑さえなく、地域から忘れ去られてしまった城館さえある。

とはいえ平地城館とて、戦国期の人々が防御を意識して築いたという点では山城と何ら変わりない。支配領域や必要性から平地に築いた、若しくは築かざるを得なかったのである。できる限り、高い場所、安定した場所を選び、周囲が見渡せるようにしたし、住む上で安定したところを選んだ。既存の川や堀、低地部を利用して防御・遮断ができるように努めた。その上で、堀・土塁を巡らして守りを固めたのである。あるいは、堀・土塁の構築は周辺村落に対するステイタスとなることもあった。村落内で互いに競合し、あるいは共同して同等の城館を構築するケースもあったのである。

詳しくは本文中で述べていきたいが、平地城館ならではの魅力、楽しみ方、考察の仕方がある。何より最大の魅力は、山城に比べて年齢層や性別等を問わず、そしてほぼ通年、訪ねやすいということである。

ただし山城に比べて、注意しなくてはならない点がある。それは民家に隣接していたり、民家の中に遺構が残っていたりする場合が多いことである。なんといっても近隣住民の方に会う機会が多い。こうした場所では不用意な行動、マナーを逸した行動は即トラブルになりかねない。それぞれの地域にお住いの方たちとの接し方、距離の取り方を注意しなくてはならない。一言だけ申し添えれば、城跡近くで会った人とは挨拶を交わそう。できれば「城跡を見に来た」と、こちらの目的を伝えるに越したことはない。そうすれば大抵の人は納得して下さるし、「どちらからいらしたの？」と話が弾むかもしれない。自らを語るのは恥ずかしいが、カメラをぶら下げてきょろきょろしつつ歩き回ったり、時折止まってメモを取ったりする姿は正に不審者そのものであろう（笑）。だからこそ周囲に誤解を与えないよう、注意を払っているつもりだ。

繰り返しになるが本書で取り上げた平地城館は、主に平地に築かれたいわゆる〝平城〟を取り上げている。ただ選定にあたっては訪ねやすさ、歩きやすさに主眼を置いたので、一部に丘城、平山城というべき城館も含んでいる。この点はご了解頂きたい。

註

1 （中井監修二〇一八）中の「城郭一覧表」による。

2 本書のタイトルでは〝平城〟を用いているが、本文では原則として全体総称の〝平地城館〟を使用する。意味するところはほぼ等しいが、この点ご了解を頂きたい。平城・平山城・山城の区分は江戸期以来あるが、境界はあいまいである。本書でいう平地城館は、平城としてイメージされるものに加え、歩きやすさ見やすさの観点から一部平城に準じた丘城・平山城と言うべき城館も加えた。往時「城」「館（屋形）」「屋敷」等と呼ばれたものが入り混じっているものと思われる。中世の史料、つまり実際に平地城館が営まれた時にそれぞれ何と呼ばれていたかは、多くの場合不明である。固有名詞のない城館も存在していたに違いない。これは中世城館の全般に言える話である。総称して〝平地城館〟とするが、本文中では、遺跡名に準じて〇〇館、〇〇陣所、〇〇城館等と呼称しているところもある。本稿での呼称は、今日広く定着しているもの、遺跡地図や報告書類で用いられているものにおよそ準拠した。

凡例

・本書では滋賀県内の平地城館を取り上げるものとするが、一部に丘城、平山城に近いものも含めた。
・遺跡名として、――館（屋形）と呼ばれるものもあるが、防御遺構を伴うものは総括して「城館」と呼称する。ただし、遺跡名のみに則して――館等とも呼称したところがある。
・本書で用いた縄張図のベースとなる地形図は、国土地理院の地理院地図を拡大トレース、あるいは一部加工して使用している。
・縄張図の縮尺は統一していないが、それぞれにスケールを入れている。
・縄張図に示した範囲では、一部空中写真や測量図等を参照している場合がある（立ち入ることが叶わなかった場合等）。
・縄張図はいずれも髙田徹の著作物であり、無断転載・加工等を禁じる。
・各城館は、令和二年現在の現状を記した。
・見学撮影等にあたっては、所有者に了解を得られたい。
・本書の執筆にあたり所有者や多くの地域住民の方々からご協力を賜った。厚く感謝申し上げる。また石田雄士・小川秀治・太田浩司・大原香苗・垣見美子・高瀬俊英・中島康隆・長谷川博美・福永清治・振角卓哉の各氏にはご教示・ご協力賜るところ大であった。併せて感謝申し上げる。

城館模式俯瞰図（竹中城を例に）

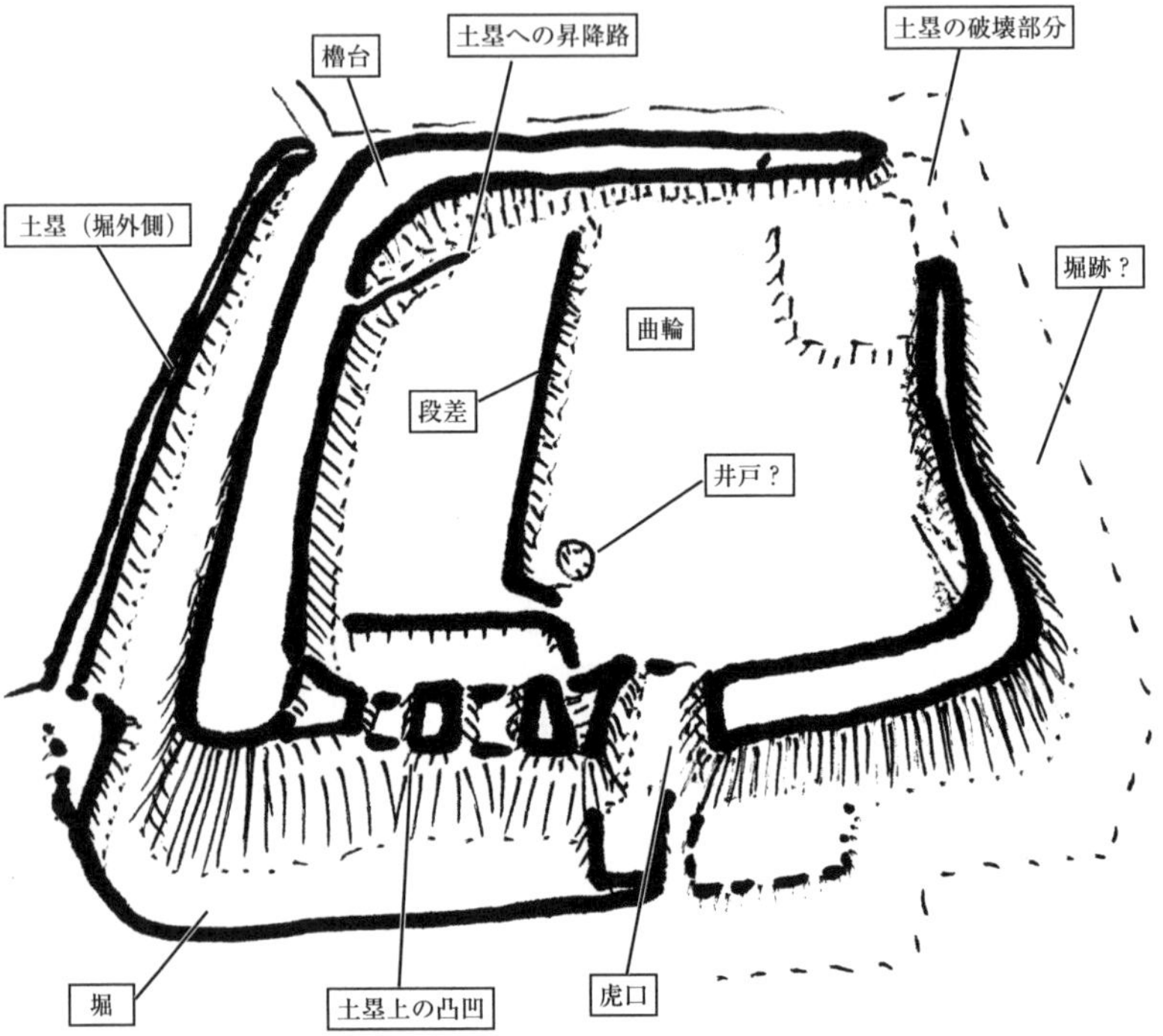

甲賀市にある竹中城では竹が密生し、足を踏み入れるのがためらわれるほどである。竹を取り払うと、上記のようなイメージとなる。他の城館でも、草木が茂ったところが少なくない。草木の合間から、土塁の幅や高さ、堀の幅や深さがどの場所で変化するのか、どこで開口して出入りできるのか、そのような構造（縄張り）であるのか、周囲の地形等にも目を配りなら見て周ろう。

目次

はじめに

近江の平城 位置図

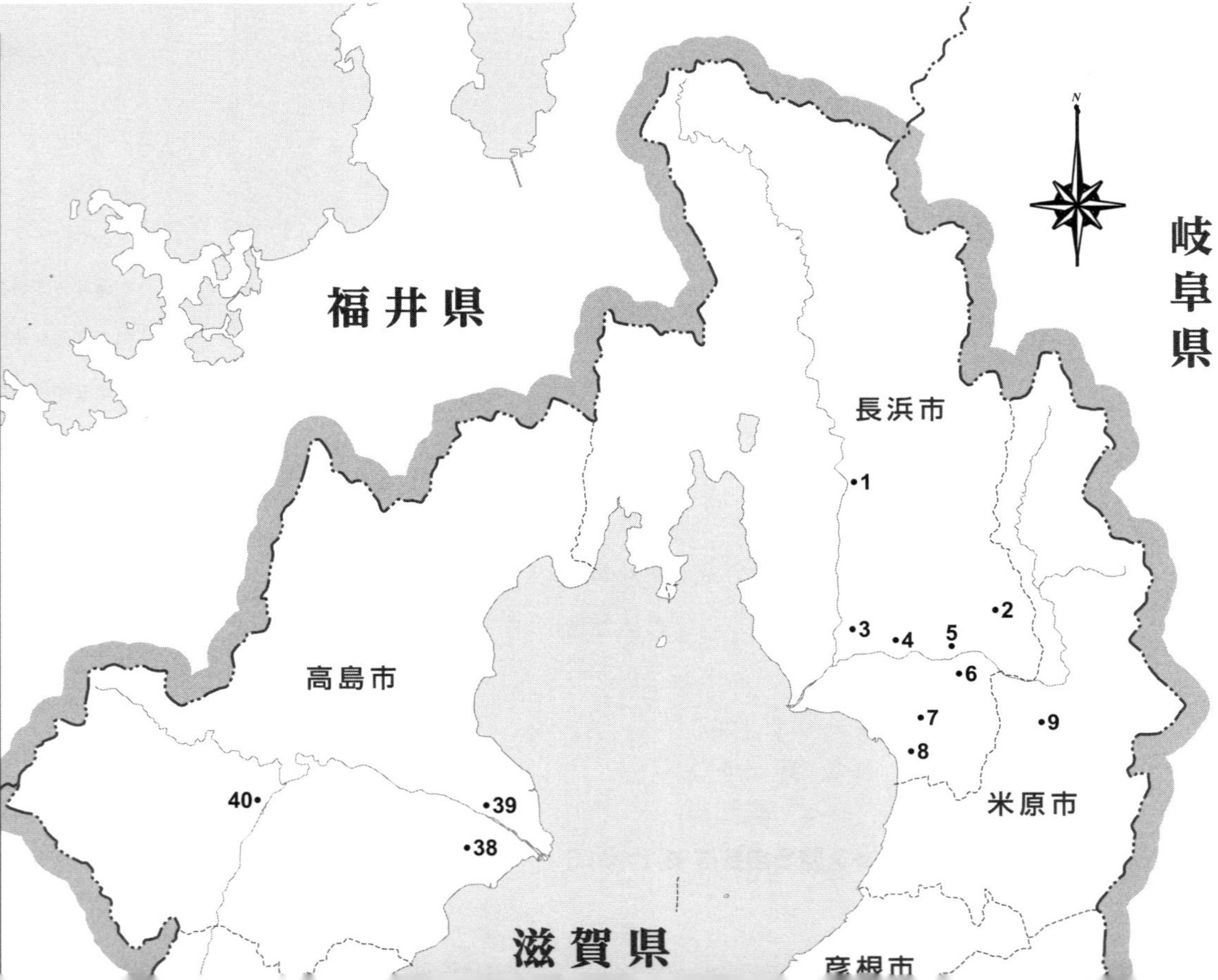

近江の平城	
1	小山館
2	東野館
3	月ヶ瀬城
4	宮部城
5	三田村氏館
6	上坂城
7	垣見氏館
8	下坂氏館
9	大原中村城
10	久徳城
11	敏満寺城
12	尼子城
13	目加田城
14	高野瀬城
15	肥田城
16	垣見城
17	小脇館
18	鯰江城
19	高野館
20	後藤氏館
21	川守城
22	上南城
23	中野城
24	伴中山城
25	今宿城
26	垂井城
27	大原城
28	補陀楽寺城
29	野尻城
30	竹中城
31	菩提寺城
32	市三宅城
33	浮気城
34	鈎陣所
35	青地城
36	瀬田城
37	大石館
38	小川城

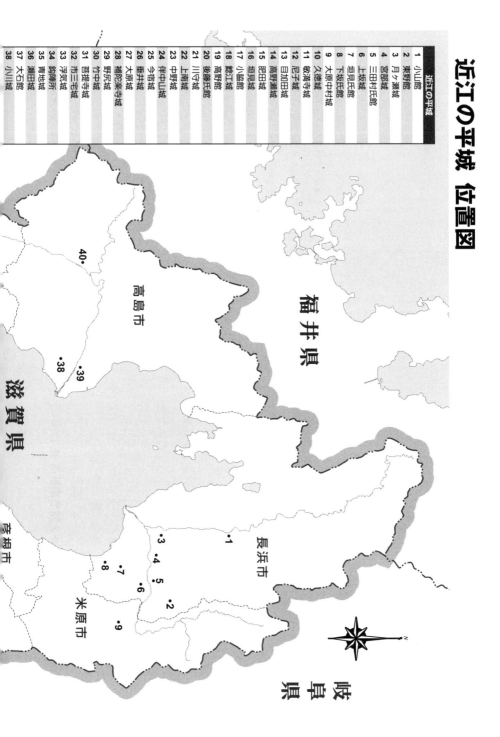

大津市
守山市
野洲市
近江八幡市
東近江市
草津市
栗東市
湖南市
甲賀市
竜王町
日野町
豊郷町
甲良町
愛荘町
多賀町
京都府
三重県
10
11
12
13
14
15
16
17
18
19
20
21
22
23
24
25
26
27
28
29
30
31
32
33
34
35
36
37
0
5
10
15km

1 小山館《こやまやかた》

所在地　長浜市木之本町小山
築城時期　戦国期？
主な遺構　土塁・堀

小山館は、高時川左岸の段丘端部に位置する。小山氏は京極氏に仕え、後に浅井長政、豊臣秀吉に仕えた。坂田郡伊吹村の伊吹氏から養子を迎えたこともあることから伊吹姓も名乗った。江戸期には庄屋となっている。現在も御子孫宅となっており、内部に立ち入ることはできない。ただし、周囲の道から堀、土塁を見ることはできる。

全体は東西約八〇m、南北約六〇mの規模を有する、いびつな四角形となる。いびつな形になるのは、西側は段丘端部の崖面をそのまま取り込んでいるからである。西側裾部の水田からであると九mほどの比高差を有する。西側はあえて土塁を設ける必要のないほどである。しかし、後述する絵図では西側にも土塁を描いている。また高時川の氾濫により、西側の土塁は削り取られたとも言われるが、実際はどうだったのであろうか。

西側を除く三方は、高さ一・五m前後、下幅四m前後、上幅一m前後の土塁を巡らしている。このうち、北側の土塁は高さ約二・五mと最も高くなる。

土塁の北外側、南東外側にはそれぞれ堀が認められる。北側の堀は幅約二・五m、深さ約二〇cmに過ぎない。南東部の堀は、隣接する道路との境界が判然としないところもあるが、およそ北側の堀と同程度である。入口は南側のA（表門）、東側のB（裏門）である。

今は失われてしまったが、以前はAの場所に冠木門が建っていた。親柱に肘金によって扉を吊り、西側には潜り戸を伴う造りであった。江戸期に冠木門が建っていたかは不明である。門に面した部分の土塁は、石積みとなっている。石積みとすれば、土塁のままとするのに比べて土が流れにくくなるし、門との隙間が小さくなる。門・通路、そして土塁の維持、また門と土塁に間隙を減らす上では石積みとした方が望ましいのである。石積み自体はさほど古いものではないが、元々石積みがなされていた可能性はあるだろう。

石積みは視覚効果、屋敷の正面を飾る意味も持っていたと思われる。Aの東側、土塁外側に設けられた堀の西端は低い土塁で塞いでいる。門を出た外側は堀で狭めるのではなく、むしろ堀の位置を後退させて門前のスペースを広げていると言えよう。

南側表門の冠木門と石積み（平成22年撮影）

これに対してBの裏門は、石積みがなされた形跡はない。裏門近くには、かつて番小屋があったようだ。

Bでは両脇の土塁から、東側に向かって短い土塁が伸びる。短い土塁は、堀の端部を塞いでいたとみられる。

北西隅の土塁上Cには、屋敷神の祠がある。未見であるが付近には墓所があるようだ。民俗学では屋敷の北西隅に祖先を祀る例がしばしばある。

当館を著名なものとしているのは、西川幸治氏が取り上げた江戸期に描かれた絵図の存在である（西川一九七二）。中・近世の土豪層と被官層の屋敷の好例として、絵図は論文等でしばしば取り上げられてきた。学

小山館へのアクセス
JR木ノ本駅から4.5㎞、駅に電動アシストあり。

習参考書や概説書等において、トレース図を見た覚えがある方も多いはずである。

絵図は、館を「伊吹半右衛門屋敷」と記す。全体を正方形に描き、周囲に土塁、西側を除く三方に水堀をめぐらす。南側正面に「表門」、東側に「裏門」を描く点は現状に符合する。水堀の周囲は道となるが、表門前はやや広くなり、高札場があった。その外側の水路で囲い込まれた範囲には、長応寺、「馬場」、やや広い敷地となった「竹田瀬兵衛」らの屋敷地を記す。さらに十五戸からなる被官の屋敷を記している。西川幸二氏は北側の七軒は本家の被官、他は武田氏ら諸家の被官であったと推定している。

南側から遠望した小山館

Ⅰ北東の土塁と堀（東側から）

水路の外側となる南側と北東側の道沿いには、百姓の家が並ぶ。館の南側にほぼまっすぐ伸びた道は、百姓の家が並んだ先端近くDで折れ曲がる。折れ曲がった近くには「馬場兵衛五郎」屋敷が描かれるが、馬場氏は元は小山姓であったという。一方、北東部に伸びた道の先には、八幡神社が鎮座する。

今も八幡神社、長応寺は位置を止める。水路は暗渠となった部分もあるが、およそたどることができる。一族もしくは重臣層と同姓の子孫宅も残されている。集落全体が江戸期、さらに遡った中世の面影を止めていると言えよう。水路は道路の拡幅を考慮しても、それほど広いものではなかったと思われる。館を囲む堀も同様である。ただし、南西部の被官屋敷と百姓屋敷を分ける部分は切通状の道となる。また南側に伸びた道の先端Dは、緩やかに折れ曲がっていて、あたかも「枡形」のようである。いずれも防御性を有したとは考えにくいが、区画・境界を意識したものであったと思われる。

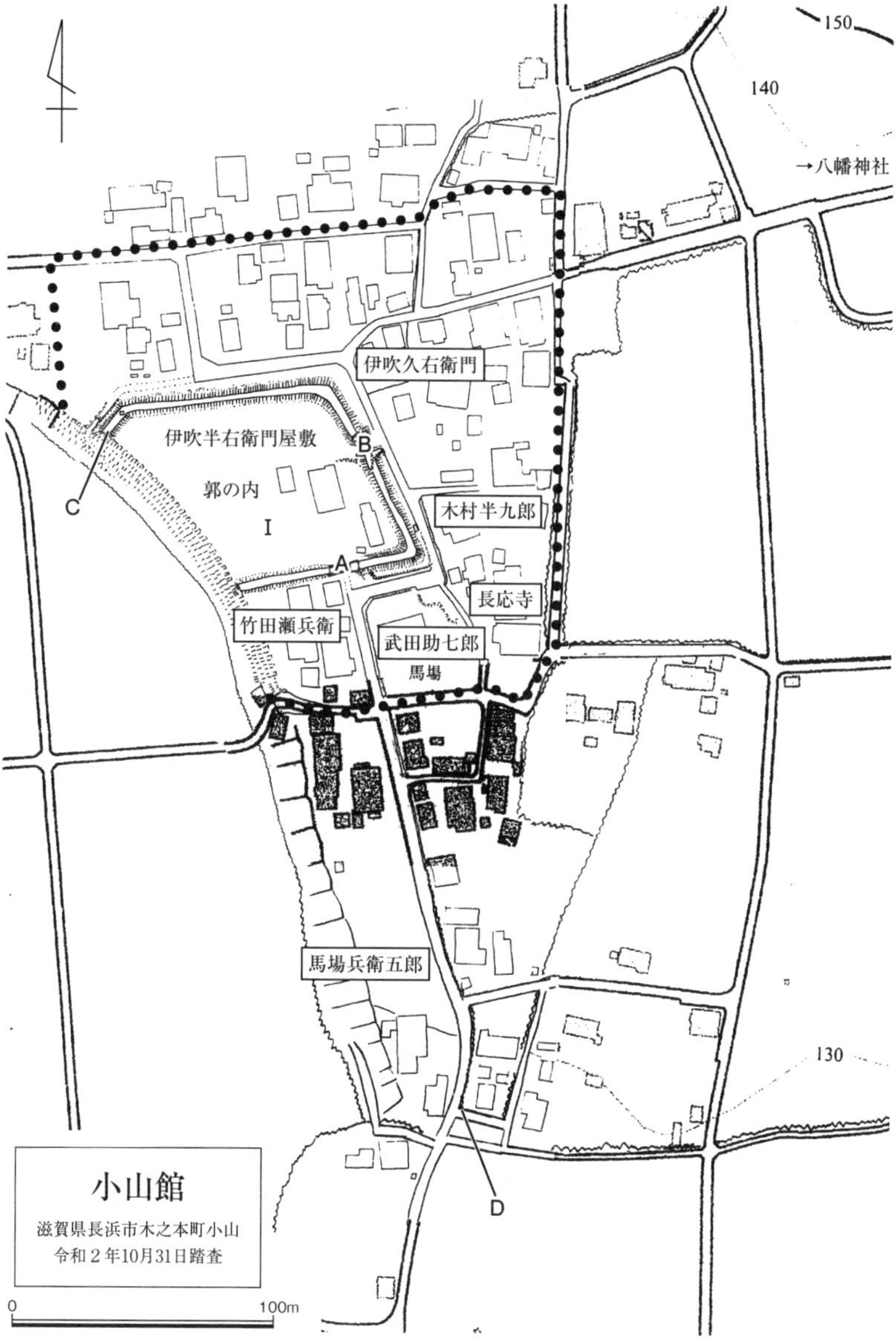

小山館跡縄張図（作図：髙田　徹）
居宅周辺は、GoogleMap 等を参照して作図した。
点線は西川1972所収図の水路範囲を示す。
また同図記載の屋敷名等も適宜書き加えた。

2 東野館《ひがしのやかた》

所在地　長浜市東野町
築城時期　十六世紀中頃
主な遺構　土塁・堀

東野館は『淡海木間攫《おうみこまざらえ》』によれば、東野左馬之介行成、その子左馬之介行信、東野与介等の居所であったという。東野氏は京極氏、次いで浅井氏に仕えたとされる。

城館は七尾山の西麓、扇状地の一画にある。東端近くには、県道高山長浜線が南北に貫通している。後述するが過去に県道建設に先立ち、発掘調査が行われている。館跡には土塁・堀が残っているが、堀の内側は私有地である。ただし東側の県道側、南側の道路側、そして北・西側の神社境内地からならば堀や土塁を十分観察することができる。

城館跡は聞き取りによれば「キタバヤシ」と呼ばれており、館跡であった伝承が残されている。

全体像は不明ながら、少なくともⅠ・Ⅱ・Ⅲ郭から構成されていたのは間違いない。Ⅲ郭はコの字形に下幅七m前後、高さ一・五m前後の土塁を巡らしている。土塁は南西隅で特に高くなっている。土塁の北側には幅約四m、深さ四〇cm前後の堀が伴う。現在ははっきりしないが、発掘調査時の測量図（以下、測量図と呼ぶ）によれば北西のA、南側のBにも堀跡と見られる凹地が現れている。西側土塁のCは開口するが、幅は二m弱となる。虎口としては狭すぎるように思われ、土塁が崩落している状況も考えるべきであろう。また後世に設けられたものかもしれないがCの内側、つまり土塁内側が溝状に低くなっているのも引っかかるところである。確証はないが、Ⅲ郭の南側、D付近に虎口があったのではないだろうか。

Ⅲ郭の東側、約一・二m高い位置にはⅡ郭がある。Ⅱ郭は、土塁基底部の名残に過ぎず、元は北側の土塁Eにつながっていたと考える余地もある。

Ⅰ郭はⅡ郭よりも約六〇cm高い位置にある。現状では北西部にL字形に伸びた土塁、外側に堀の痕跡をわずか

Ｉ郭北側の土塁（南東側から）

に残す程度である。土塁Eは高さ一・四m、下幅約七mの規模である。現状では西側に幅約五m、深さ約二〇㎝の堀を残しているが、測量図では土塁の北側にも堀が続いていた様子が読み取れる。

先述のように県道建設に先立ち、昭和六十二年度に発掘調査が行われた（滋賀県教育委員会一九八九）。不幸にして土塁Eの東端が一部失われたが、調査を通じて明らかになった点もある。F・G地点では、それぞれ堀跡

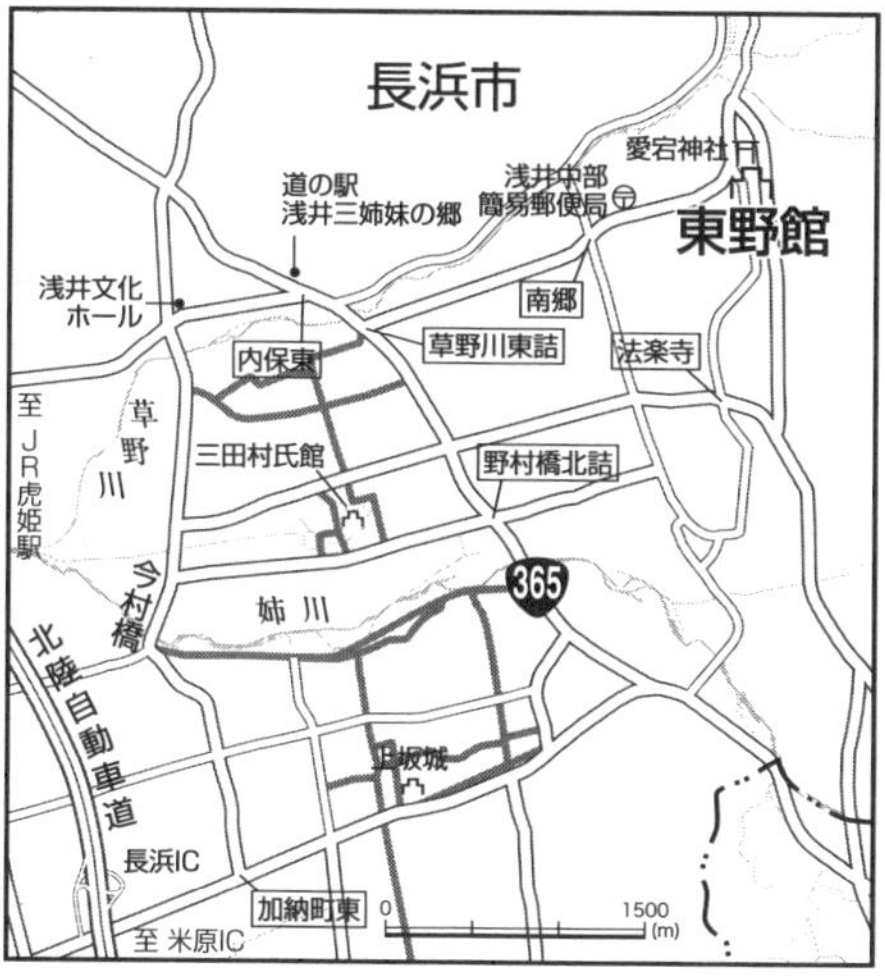

東野館へのアクセス

JR虎姫駅から8㎞、駅にレンタサイクルあり。長浜ICから7㎞、車で12分。

が見つかっている。これにより、Ⅰ郭の南北の規模が明らかになった。Fで見つかった堀は深さ約一m、底部の幅約一mである。内側（南側）には下幅約四mの土塁が確認された。土塁上部は調査時点でかなり削り取られていた。堀跡も埋没し、礫による高まりになっていたようである。南側の堀Gは、下幅約一m、深さ約一mである。内側の土塁は残存が良好ではなかった。

西側からⅢ郭土塁B

　堀Fと堀Gの間は曲輪内となるが、地表面下約六〇cmにある遺構面は礫土となっており、遺構の確認が困難であったという。ただし堀F付近からは六つの古墳の存在が確認された。墳丘部は失われていたが、墳丘を囲む溝と石室の一部が残されていた。Fでは二つの古墳をぶち抜くように堀が設けられていたが、墳丘を土塁に利用した形跡はない。土塁・堀を設ける時点ですでに墳丘は失われていたのであろうか。

　出土した遺物は擂鉢、青磁皿、白磁皿、青磁椀、灰釉《かいゆう》椀《わん》、土師皿である。報告書では詳しく触れられていないが、遺物にはかなりの年代幅があるという。そうした中、複数の土師皿は同一時期を示し、十六世紀中頃のものと思われるとしている。発掘調査成果に従えば東野館は十六世紀中頃を中心に機能していたことになろう。

　Ⅰ郭の東限は発掘調査の範囲外であるが、測量図ではHの南北に高さ一m前後、下幅一〇〜一五m前後の高まりが南北に伸びていた状況が読み取れる。測量図ではこの部分を「推定堀跡」としてF・Gにつながるラインを想定するが、これは土塁跡とみなすのが妥当である。背面に当たる土塁であるため、他に比して幅広になっていたのではないか。堀はHの東側に別途設けられたと考えられる。現状ではH付近に土塁を認めることはできない。

　なお城館跡の北西部には土塁J・Kが見られるが、城館に関わるものではあるかは不明である。

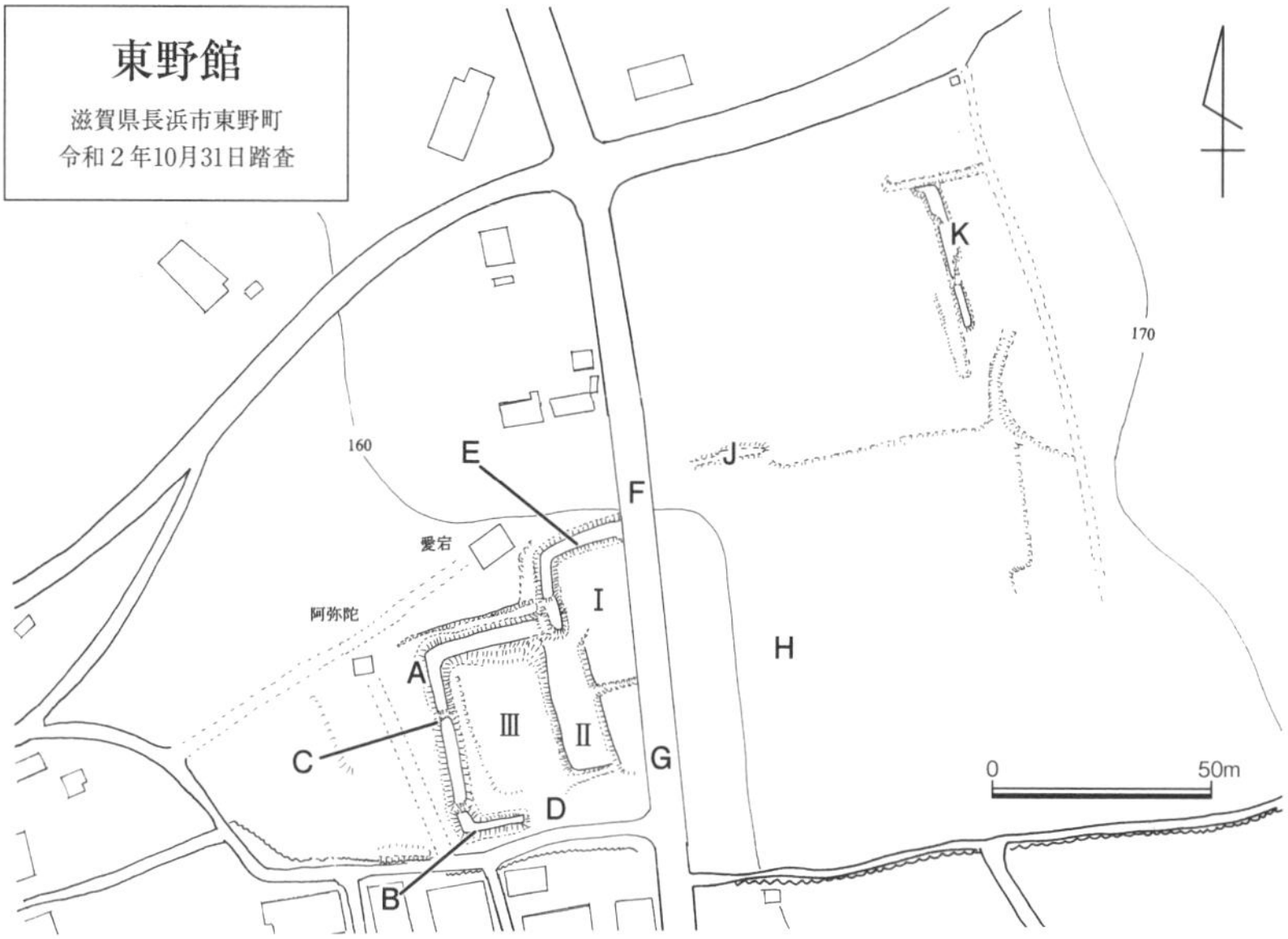

東野館跡縄張図（作図：高田　徹）

Ⅲ郭南側の土塁Ｂ（南東側から）

報告書ではⅠ郭とⅢ郭がずれた位置関係にあることをもって、Ⅲ郭が後に付け足されたと考えている。その可能性も否定できないが、塁線の折り（防御性）を意識して同時期に造られている可能性も十分ある。

発掘調査で明らかになった点は多いが、それでも全体の虎口、Ⅰ郭の虎口等は依然不明である。残された遺構を通じて考えるべき点は多いと言えよう。

3 月《つき》ヶ《が》瀬《せ》城《じょう》

所在地　長浜市月ヶ瀬町
築城時期　戦国期？
主な遺構　なし

月ヶ瀬城は、地表面に遺構を止めていない。田川に掛かる月ヶ瀬橋の東側から、ＪＲ北陸線の間の小字が「城ノ内」である。地名から考えれば、付近が城跡であったとみて問題ないが異説もある（後述）。「城ノ内」の範囲は、およそ一〇〇ｍ四方の方形区画である。周囲に広がる条里地割を踏襲した区画であろう。「城ノ内」内部は、道、田、宅地等となるが、古い地割を残す部分が多い。特に南側の田との間には五〇㎝ほどの段差をともなっており、「城ノ内」側が高くなっていることがわかる。

「城ノ内」は北から西側を田川、南側は田川に注ぐ水路に囲い込まれている。月ヶ瀬集落とは田川を隔てて約二〇〇ｍ離れている。ＪＲ北陸本線に隔てられているが、東側の大寺町集落との方が近い位置にある。

『滋賀県中世城郭分布調査７』によれば、月ヶ瀬の集落はかつて「城ノ内」南西の柳古付近にあったが、東畑に移り、さらに「城ノ内」から田川を挟んだ対岸（現位置）に移ったとの伝承があるらしい。そして地元では月ヶ瀬城が東畑にあったとの見方が強いとのことである。

これとは別に『東浅井郡志１』には「月瀬城址図」が収録されている。同図では「城ノ内」の南東に「東木戸」と記し、田川対岸に「本丸」、その続きに「倉屋敷」「西木戸」を記す。田川右岸の「本丸」を中心とした大規模な城郭だったと考えているようだが、本文中では明瞭な説明はない。ただし、以下に述べる月ヶ瀬城の戦略上の位置から考えれば、「城ノ内」の範囲に止まらない規模であった可能性が高いであろう。城域については、今後の検討課題となろう。

『淡海木間攫《おうみこまざらえ》』には、月ヶ瀬新六郎が城主で、その弟の若狭守は浅井家物頭であったと記すが詳細は不明である。

このように語られる歴史は近江国の他の城郭とあまり変

わりがない。ところが月ヶ瀬城は『信長公記』に断片的ながら登場するのである。断片的な記述を通じて、その戦略上の重要性を窺い知ることができる。

天正元年（一五七三）八月八日、浅井方であった山本山城（長浜市高月町西阿閉・湖北町石川）主の阿閉《あつじ》淡路守は、織田信長に味方した。当時、小谷城に籠る浅井長政に対し、織田信長は虎御《とらご》前山《ぜやま》（長浜市中野町・湖北町河毛）に付城を築いて包囲戦を展開している最中であった。阿閉氏が味方になった直後、信長は夜半に出陣する。これを知って月ヶ瀬城にいた信長の敵対勢力は城を開けて撤兵した。

集落南側の段差（東側から）

この時、月ヶ瀬城は浅井氏もしくは同盟軍である越前朝倉氏の軍勢（あるいは混成軍）によって守備されていたのである。しかし、友軍である阿閉氏が裏切ったことで、月ヶ瀬城は背後を遮断され、孤立する恐れが生じた。そのため撤兵してしまったのである。実際、この後信長は小谷城北側の山田山（長浜市下山田・小谷上山田町）に陣を置き、余呉・木之本・田部山付近に出陣していた

月ヶ瀬城へのアクセス

JR虎姫駅から700m。線路沿いの道を北進、最初の踏切を渡ってすぐ。

朝倉義景軍と小谷城の行き来を遮断する作戦を取った。

信長は前年の元亀三年七月二十七日に虎御前山に陣城を構え、小谷城に対峙する構えを見せた。しかし、畿内各地で多面的な戦闘を続けざるを得なかった上、小谷城とその支城群による防衛体制を崩すことができなかったのである。

城ノ内南東から虎御前山、小谷城方面を望む

小谷城の右翼を守る存在が山本山城であり、小谷城と山本山城をつなぐ位置にあったのが月ヶ瀬城であったと言える。

月ヶ瀬城から山本山城へは北西へ約四km離れている。一方、月ヶ瀬城と小谷城は直線距離で約三kmに過ぎないが、両者の間には虎御前山砦が位置している。つまり、月ヶ瀬城は小谷城側と直接の行き来が難しい位置にある。山本山城側からの後方支援を受けた上で、虎御前山砦近くに出張った、肉薄する構えとなったと言えよう。

虎御前山の南端から月ヶ瀬城までは、わずか八〇〇mに過ぎない。極めて近い距離間である。月ヶ瀬城に浅井氏（もしくは朝倉氏）の軍勢が駐屯する状態は、虎御前山砦を守る立場からすれば後方を脅かされる形になる。信長が小谷城攻めをするにあたり、月ヶ瀬城は実に目障りな存在であったことだろう。

「城ノ内」付近に立てば、北西にぽっこりとした山容の山本山が見える。また北東方向に目を転じれば虎御前山、その後方に小谷城を見ることができる。月ヶ瀬城の遺構は残っていなくても、連携した城郭、対峙した城郭との距離間を味わうことができる。平地部に築かれた城館とはいえ、織田軍の動きを阻止する戦略上重要な位置を占めていたことも知られるのである。

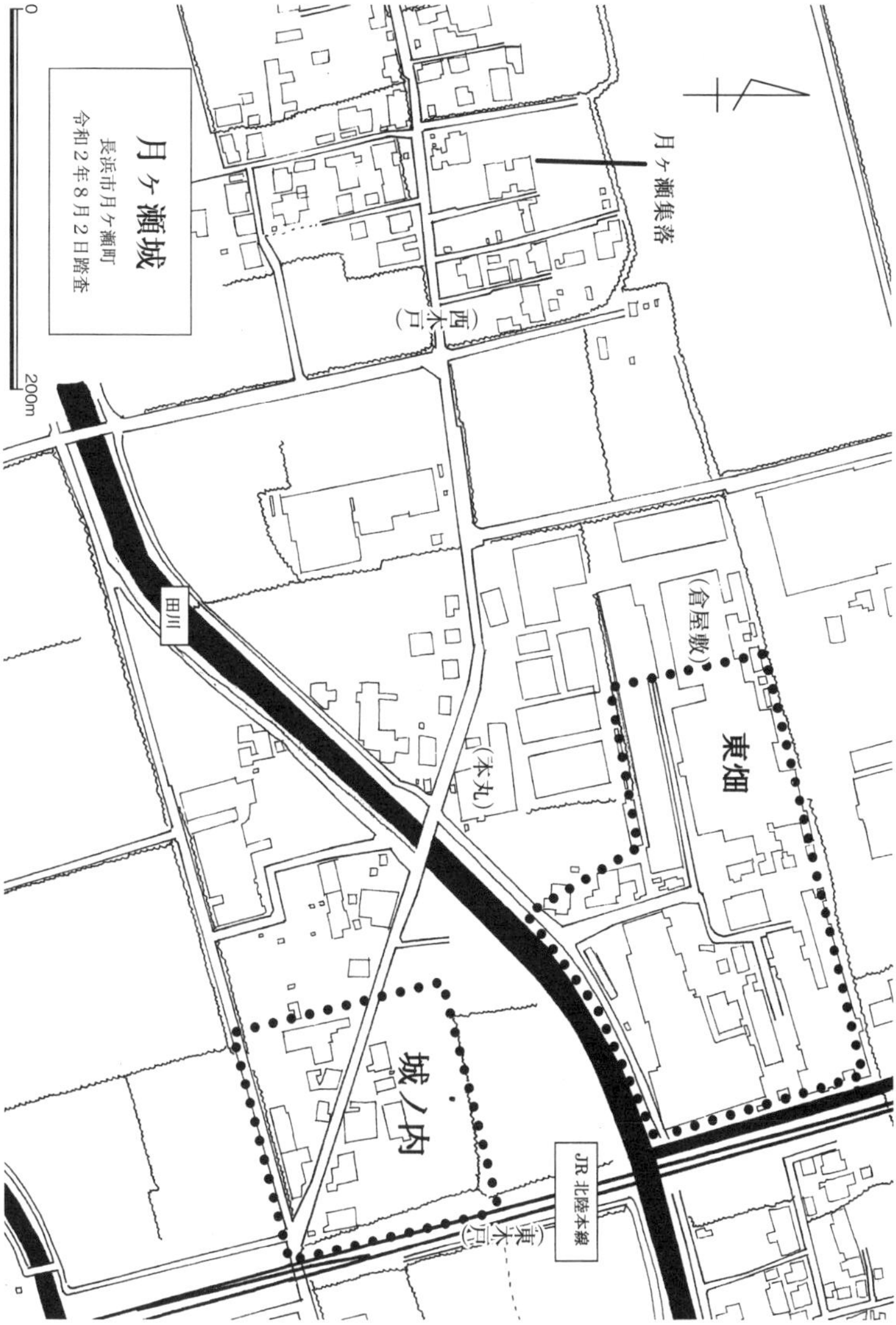

月ヶ瀬城跡周辺図（作図：髙田　徹）

4 宮部城《みやべじょう》・八相山《はっそうざん》間の築地《ついじ》

所在地　長浜市宮部町・三川町
築城時期　元亀三年（一五七二）
主な遺構　（宮部城）堀跡？　築地の地割

元亀三年（一五七二）、織田信長は浅井長政の籠る小谷城を包囲するため、虎御前山《とらごぜやま》に築城する。虎御前山は浅井氏の居城であった小谷城のすぐ西側、わずか五〇〇mを隔てる位置である。山上には複数の曲輪、枡形状の虎口、谷を囲い込む竪土塁等を設けた堅固な造りとなる。

山上には座敷が設けられ、そこからの眺めは優れていたという。信長は虎御前山と南側後方に位置する横山城（長浜市・米原市）の間が、三里（約一二km。ただし地図上で直線距離を測ると約九km）と離れすぎていることを警戒し、八相山・宮部それぞれに繋《つなぎ》の要害を設けた。繋の要害（城）は前線にある城郭との連絡を保持し、兵站《へいたん》線を確保する役割を担う。単独での戦闘にも対処できるようになっていたことであろう。虎御前山の南側尾根続きにあるのが八相山であり、信長は番手の兵を置いて守らせた。宮部は八相山の南東約一・五kmの位置の平地部にあり、ここを宮部継潤《けいじゅん》に守らせた。その上で虎御前山と宮部の間の道は悪路であったため、軍勢が移動しやすいように幅三間々中（約六・三m）の道を築いている。この道の小谷城側に向いた面には高さ一丈（約三m）の築地を五〇町（約五・五km）に渡って築かせ、内側に水を引き込んで往来がしやすいようにした。すなわち、土塁を伴う軍道を築いて付城間を安全に移動しやすくし、土塁の外側は水堀の如くとしたのである。付近を流れる田川や草野川等から水を引き入れたのではないかと思われる。いわば付城を結んだ長大な防塁が完成したのであった。防塁は、小谷城に籠る浅井方の動きを制限するものとなった。また横山城から虎御前山砦に向かうには、姉川を越える必要がある。横山城側から姉川を渡ったところにある宮部を防塁の一角に取り込むことで、兵站線を確固たるものにできたと言えよう。

浅井・朝倉軍は十一月三日になると防塁の破壊を試みたが、織田方の木下藤吉郎らによって撃退されている。周知のように小谷城は翌年八月に落城したが、防塁はそれまでの間、維持されていたのであろう。上記の防塁に関しては、『信長公記』に詳しい。防塁は虎御前山と宮部間に設けられたと記されるが、地図上で直線距離を測ると虎御前山～宮部間は二・八㎞前後となる。防塁がいくらか湾曲していたとしても、やや『信長公記』の数値は大きすぎる。ちなみに八相山～宮部間の地図上での直線距離は一・五㎞前後となる。築地（土塁）の高さ一丈であったのならば、歩行する兵も馬上の兵の姿も覆い隠し、軍事行動を隠匿できたはずである。ただ距離間の齟齬を踏まえると、築地は今少し低かったのではないか。

　現在、宮部町と虎御前山の間は水田が広がり、中間には三川町の集落がある。一帯の水田は碁盤目状となった条里地割が広がっている。そうした中、宮部町の北西辺りから三川町に向かって伸びる道だけが、いびつに伸びて条里地割を乱している。この道は防塁の地割を踏襲し

戦国街道石碑と築地跡
（右手の山は小谷城跡、正面の山は虎御前山）

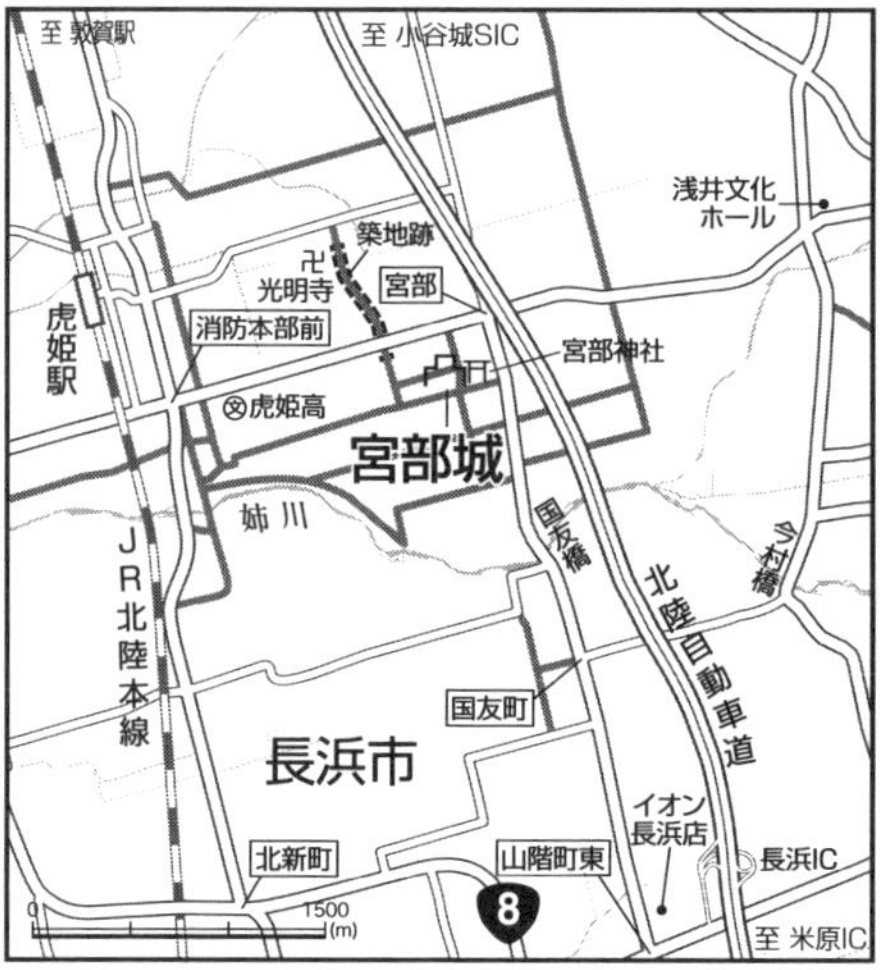

宮部城へのアクセス
JR虎姫駅から2㎞。長浜ICから5㎞、車で10分。

たものである可能性が高い。あるいは既存の道が条里地割を乱すように伸びており、それをうまく利用している可能性も無きにしもあらずである。

いずれにせよ宮部町と三川町の間は他の部分が地割を失っていったなか、集落同士を行き来する都合上、残されたのではないだろうか。いびつに伸びた道沿いには、「戦国街道」と刻した小さな石碑が建っている。

宮部城跡は、宮部神社境内付近に存在したとも言われる。神社の片隅に「伝宮部城址」と刻した石碑が建つ。『東浅井郡志』では宮部神社の西、約七〇m付近に「本城」と記し、集落の外縁近くに「木戸口門」「出口門」「大門」と記す。「本城」の位置は宮部神社境内とする説に比べると、城館跡としていくらか相応しそうに思われる。さりとて本文中では「本城」に触れるところがない。「木戸口門」以下の門跡は、単なる表記の問題かもしれないが、いくらか推定復元的な記述であるのも引っ掛かる。宮部城の主郭・虎口推定候補地と言えようが、現段階では確定的なものとは言えない。

宮部継潤は比叡山で修行して僧となったが、後に故郷の宮部に戻って浅井長政、ついで羽柴秀吉に仕えた。宮部神社には継潤没後四百年法要を記念した石碑が建つ。その横には同じく田中吉政没後四百年法要記念碑が建つ。

吉政の出生地は諸説あるが宮部の出身との説もある。吉政は宮部継潤、豊臣秀次、そして豊臣秀吉に仕えた。関ケ原の合戦後には筑後柳川城主（福岡県柳川市）となり、三十五万石を領するまでとなった。しかし、その子忠政の代に断絶している。

一方、宮部継潤が慶長四年に没すると、嫡男の長房が継ぐが関ケ原の合戦で西軍方となる。改易されて大名としての地位を失ったが、子孫は南部家に仕えて存続した。

「本城」付近から見た宮部神社

宮部城・八相山間の築地跡周辺図（作図：髙田　徹）

5 三田村氏館《みたむらしやかた》

国指定史跡（北近江城館跡群） 平成十九年

所在地 長浜市三田町
築城時期 十六世紀後葉以降
主な遺構 土塁・堀

三田町は、姉川右岸にある集落である。元亀元年（一五七〇）に織田信長・徳川家康と浅井長政・朝倉景《かげ》健《たけ》が激闘した姉川古戦場の一画にある。三田には朝倉景健が陣を置いており、この時に三田村氏館が利用された可能性がある。館自体は、名称通り合戦以前は三田村氏の館であった。三田村氏は、京極氏の家臣として諸々の合戦に加わり、また所領支配を展開した。戦国期になると浅井氏に属した一族が有力となる。元亀元年に三田村左衛門は横山城（長浜市・米原市）に浅井方として籠城している。天正元年（一五七三）には主家に従って小谷城に籠り、やがて降伏したけれども織田信長によって一族ともども処刑されたという。

主郭と言うべきI郭は、伝正寺境内となっている。伝正寺はかつて集落西側にあったが、慶長年間に現在の場所に移ったとされる。境内は北側のうち東半分を除いて土塁によって囲い込まれている。土塁は高さ二～三m前後、下幅は五m前後、上幅は三m前後を測る。特に北西隅と東側中央部が高くなっている。全体は方形を呈するが、東側のみ南寄りの位置で折れている。折れたところが高くなっているが、側射を意識した横矢掛かりであるとは思えない。水路を隔てた東側の景流寺境内は伝正寺（I郭）よりもやや高く、土塁を思わせる築山がある。地形的に高くなった東側に対し、防御上有効になるように折りを設けたのかもしれない。

土塁は西側のA、南側のBが開口する。このうちAが虎口と考えられる。Bは幅が二mに満たず、狭隘である。『東浅井郡志』所収の「三田村邸址図」（以下、址図と呼ぶ）によれば境内内部を流れていた水路の排出口であった。ちなみに址図の作成段階では北側の土塁も完存しており、Cにもう一つの虎口が存在していたことが知られる。C

I郭北西隅の土塁（南東側から）

の脇から境内に入った水路は東側の土塁内側を通り、本堂裏にあった池を潤した後、Bから外へ流れ出ていた。

　土塁の東外側には水路が流れている。址図によれば南側の東半分を除き、境内の周囲は水路がめぐっていた。堀跡と考えられるが、その幅は狭い。境内西側では土塁と道の間に六mほどの空閑地があり、これが堀跡の幅であることを推測させる。しかし、他の部分では西側の空閑地と同様の地割、広がりを見出せない。なお水路は境内の北西隅のみ、土塁外側で凸状になっていた。

　伝正寺の北側には三田公会堂や民家が建つⅡ郭がある。Ⅱ郭は東・北側に水路がめぐる。西側は民家敷地内に低くなった箇所があり、およそI郭の西辺に沿った位置に堀があったのではないかと推測される。Ⅱの北東隅にはL字形となった高さ約五〇cm、下幅約七mの土塁が残っている。これに続く西側、民家敷地内にもかなり削り取られているが土塁の痕跡が残っている。

　ところでI郭東辺から約一〇m離れた（ずれた）位置

三田村氏館へのアクセス

JR長浜駅東口からバスで長浜養護学校前下車、徒歩15分。
長浜ICから5.1㎞、車で6分。

Ⅱ郭三田公会堂脇の土塁（南側から）

に、Ⅱ郭東辺がある。つまりⅡ郭の東辺は、Ⅰ郭東辺よりも張り出していたことになる。横矢掛かりを意識したものであったのか、中間あたりとなるD付近に虎口があったのかといった点が考えられる。Ⅰ郭を覆うようにⅡ郭があったことから考えれば、虎口Aの西側にも曲輪が存在していた可能性があるだろう。伝正寺境内周囲の小字北の里・南の里・西の里・東の里内には、孫字名（地域での通称的な地名）に屋敷名を残すという（滋賀県一九九〇）。集落内に曲輪や家臣屋敷跡が広がっていた可能性は高い。

伝正寺境内では、平成十七・十八年度に発掘調査が行われている。曲輪内では複数の柱穴、溝が見つかっている。虎口Aの南東内側では東西方向に伸びた幅約二・五m溝が見つかっている。曲輪内を分けていた溝かもしれない。西側の土塁内側から虎口Aに向かって流れていたとみられる排水溝も見つかっている。溝の位置は変更されているが、城館が機能している時以来、長く水を引き込み、排水していたのであった。

Ⅰ郭東・西側の土塁調査では、土を積み上げる構築方法の違いがそれぞれ認められ、下層は十六世紀初頭、上層の土塁は十六世紀前葉以降の築造であると考えられている。上層の土塁は雑に積み上げた印象があるのに対し、下層の土塁は層ごとにつき固めた状態が認められた。

しかしながら、下層の土塁だけが先行して存在していた場合、下幅に対して高さが二mとなり、扁平な感は否めない。土塁の上層と下層の違いは、時期差ではなく工程差であり、それに応じた構造差と考える余地がある。いずれにせよ最終的に今見る姿の土塁、居館となったのは十六世紀前葉以降と考えられる。

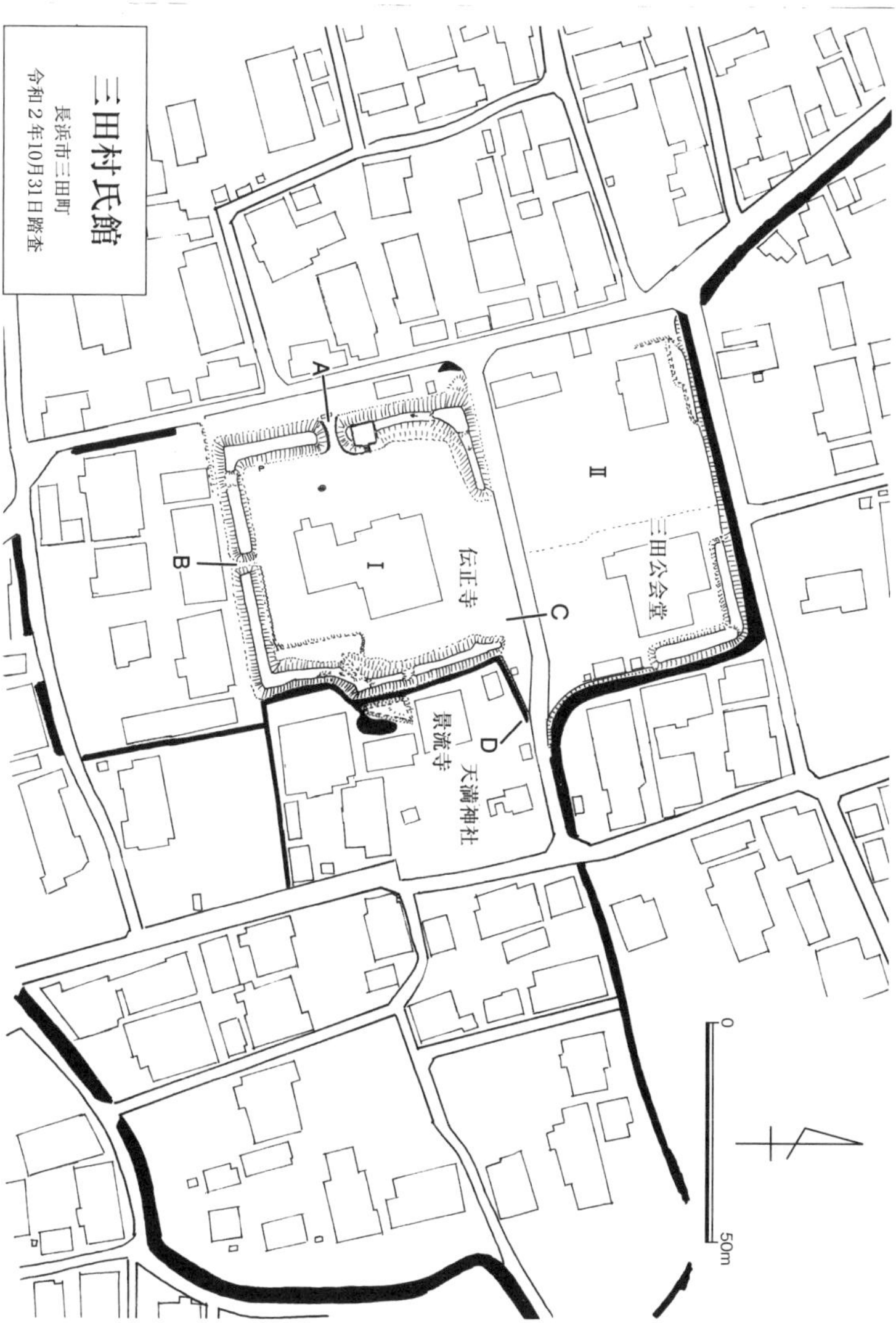

三田村氏館跡縄張図（作図：髙田　徹）

6 上坂城《こうさかじょう》

所在地　長浜市西上坂町
築城時期　戦国期？
主な遺構　土塁・門

上坂《こうさか》氏は北近江守護・京極氏の「筆頭家臣」であった治部丞家が有力であったが、後に失脚する。浅井氏に仕えた伊賀守家の上坂正信は豊臣秀長に仕えるが、関ケ原の合戦後に上坂に戻って帰農した。正信の叔父にあたる貞信は信濃守を称して、その家は上坂に留まっていた。上坂氏は、室町期から江戸期に至るまで姉川南岸の用水権等を握り、水をめぐる諍いにもたびたび関与した。

上坂城は、上坂氏一族による居館の集合体というべき構造であった。現在、西上坂集落の南側に上坂児童遊園がある（Ⅰ）。この場所は「丸ノ内」と呼ばれ、昭和四十六年に公園化されるまでは堀・土塁で囲い込まれていた。近代になった段階では四方に開口部があったようで、西側のA付近に石橋が掛かっていた。石橋は公園内に移されて現存するが、親柱に「本丸橋」と刻される。

江戸期の絵図を見ると、虎口はⅠ東側のB付近にあったようだ。Bの東側には土塁・堀（一部水路）に囲まれたⅡが存在したが、今は水田・宅地となり、わずかに南側の堀跡が水路として面影を伝えるに過ぎない。Ⅰの西側、Ⅲにも堀・土塁等に囲まれた区画があったようである。

Ⅲの北側、Ⅳ付近は「いがんど」と呼ばれている。伊賀殿が転訛したもので、伊賀守家の居館があったところである。Cには高さ一m弱の土塁が南北に伸びていたが（近年破壊された）、かつては四方を土塁で囲い込まれていた。わずかに道路際のDに「いがんど」東側の土塁の痕跡と思われる高まりが残る。Ⅳの虎口はE付近にあったが、痕跡はない。ただし、門は上坂児童公園内に移されて現存する。

Ⅳの東側は現在宅地となるが、かつてはⅤ・Ⅵ付近に区画があり、Ⅵは「三原屋鋪」と呼ばれた。三原氏は上坂氏の重臣であったと伝わる。

Ⅶにあった区画は「しなんど」と呼ばれている。「信濃殿」が転訛したものであり、信濃守家の居館があったところである。その北側にはL字形に折れる高さ約一・五m、幅約七mの土塁Fが残る。東西に伸びた部分はⅦの北縁を区画するものであり、南北に伸びた部分はⅤの東側を区画するものであった。聞き取りによれば南北に伸びた土塁Fの北端からは、三十年ほど前まではさらに二〇mほど伸びていたという。Ⅵの三原屋敷の東側土塁でも囲い込んでいたと思われる。土塁Fは民家の間に残るが、東側の道路から概要を把握することはできる。

Ⅶ「しなんど」北側の土塁（南東側から）

複数の区画のうち、唯一堀・土塁で囲い込まれ、完結するのはⅠであった。主郭と考えることができ、これに次ぐのがⅡとなろう。Ⅰの北側のⅤを挟んで「いがんど」のⅣと「しなんど」のⅦが東西に並ぶ。一見並立的ながら、規模ではⅣの「いがんど」が勝る。全体的に見れば主郭たるⅠがあまりに狭く、他の区画（曲輪）とのつながりも不明瞭である。上坂氏の中では本家筋との位

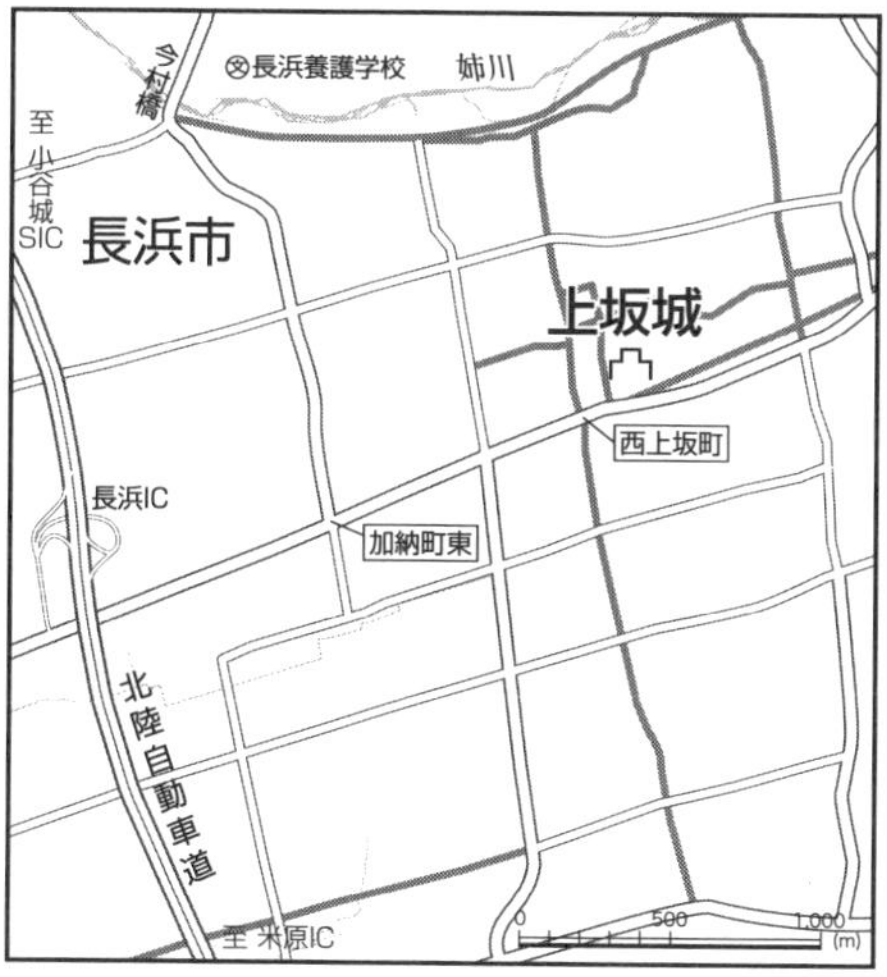

上坂城へのアクセス
長浜ICから2㎞。上坂児童遊園がⅠ郭跡。

Ⅳ「いがんど」と土塁(南東側から)

置づけであったのだろうか。中世城館として拡張・整備された後、近世初頭に伊賀守家がこの地に戻ってきた際に再整備・再編成されたためなのかもしれない。

　屋敷地のほとんどが江戸期に検地の対象とならなかったり、年貢の掛からない除《よけ》地《ち》となっていた。絵図の注記には天正十九年(一五九一)に検地を行った際、伊賀守・信濃守屋敷の外側にあった堀・土塁が荒れていたため、そこから内部の広がりを推測して検地帳に付けた旨が記される。絵図自体は江戸期に記されたものであるため慎重に位置づける必要はあるが、天正十九年前後に屋敷地は荒れた状態になっていたのであろうか。伊賀守家の当主が豊臣秀長らに仕えたことが関係するのかもしれない。

　ちなみに明治期の地籍図をみると、Ⅳは宅地となっていて伊賀守家が存続していたようだが、Ⅶは畑地と化している。今はⅣもほとんど畑と化してしまっている。

　さてⅠには「本丸橋」、「上坂城跡碑」、そして伊賀守屋敷の門がある。石碑は大正十三年に西上坂の人々によって、長きにわたる上坂氏の徳を讃えて建てられたものである。かつて石碑はⅠの北端に建てられていたのを移動させたらしい。

　門は茅葺の薬医門《やくいもん》である。小屋組み以上は新材であるが、軸部は古材を止めている。ただし、中世に遡るものではないだろう。親柱には金属片がいくつか刺さっており、地元では鏃《やじり》の先であると伝えられている(詳細は不明)。扉は失われているが、肘金《ひじがね》で吊っていた痕跡が残っている。親柱の側面には板じゃくり(板塀を入れるために彫りこんだ溝)があるから、かつては門に続いて板塀があったことが知られる。

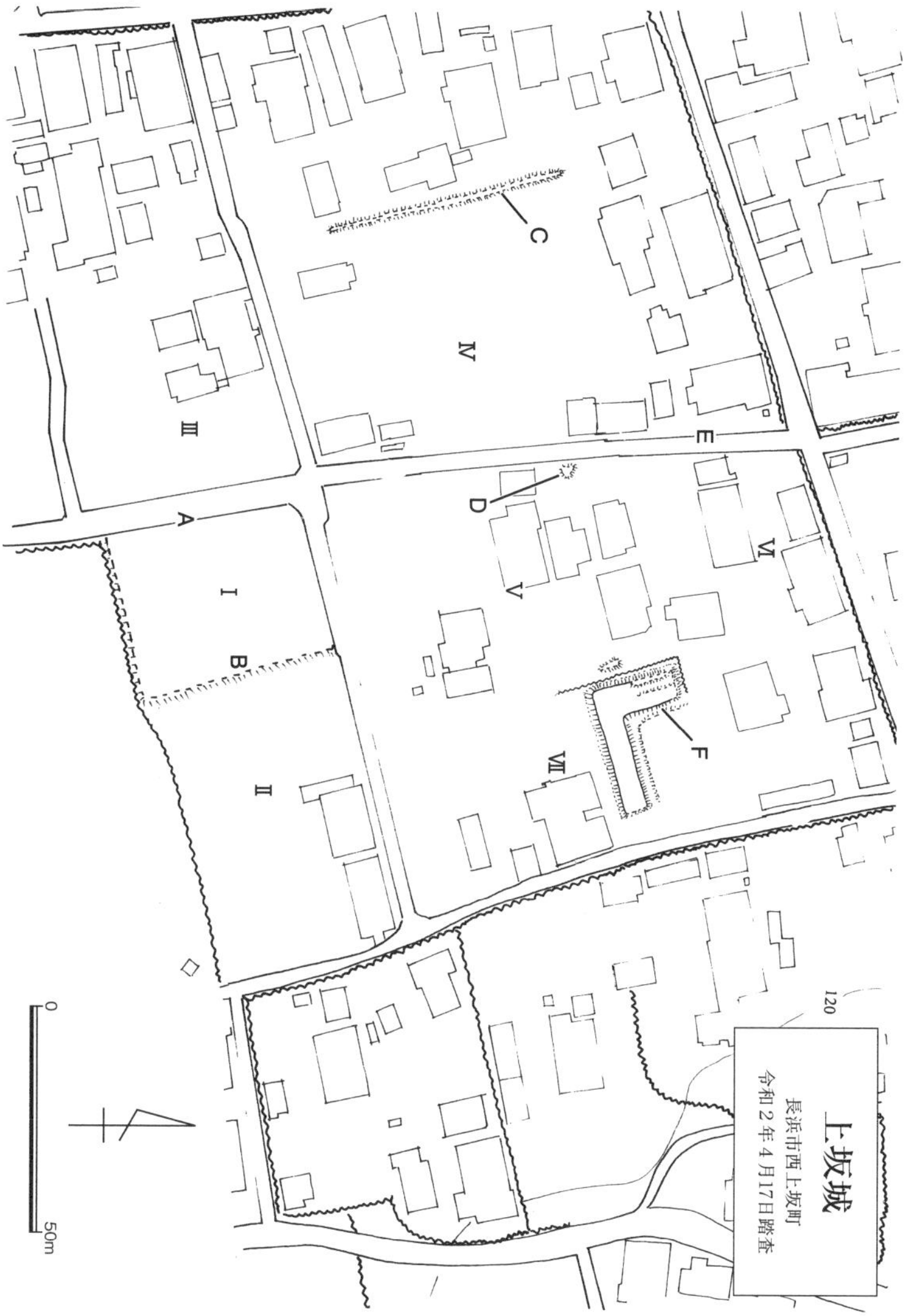

上坂城館跡縄張図（作図：髙田　徹）

7 垣見氏館《かきみしやかた》

長浜市指定史跡（北近江城館跡群）（平成三十年度）

所在地 長浜市宮司町
築城時期 戦国期？
主な遺構 土塁・堀

垣見氏館は、中島川・十一川の右岸、東西に伸びた長浜街道、南北に伸びた加田街道の交わった位置に隣接している。呼称のとおり中世以来、垣見氏が館主であった。垣見氏は神崎郡垣見（東近江市垣見町）の出身であり、当地に移って小谷城主浅井氏に仕えた。浅井氏滅亡後は帰農するが、江戸期には宮川藩藩政に関わったとされる。現在も御子孫が居住されており、中世城館としての面影を色濃く残している。所蔵される垣見家文書は、中世文書十六点、宮川藩政に関わる文書三百九十六点等、総数八百四十三点の貴重な資料群である。「湖北地方における中世の農村支配のあり方の一端を具体的に示す貴重な遺跡群」である国指定史跡・北近江城館趾群（※本書下坂氏館を参照）の追加指定候補ともなっている。

先述のように御子孫宅となっているから、立ち入ることはできない。ただし西側を除く外回りには道がついているので、規模を把握することはできる。現状の垣見氏館は東西約四九m、南北一一〇mと細長い。

幸い城館の北辺、かつての堀跡に沿って小道が東西に伸びており、ここからだと土塁が観察しやすい。注目したいのは、土塁の北西隅Aの形状である。Aでは土塁の一部が二m弱西側に向かって突き出している。地形の影響によって土塁が突き出しているわけではあるまい。このような状況が見られると、一般的には横矢掛かりを意識したものと捉えられる。横矢掛かりとは側射であり、転じて側射する場所・形態を指す。突き出すか張り出した塁線から、敵の横腹に矢や鉄砲玉等を打ち込める。

もっとも垣見氏館のAの上には、せいぜい一人が立つのがやっとである。上部には、櫓が建つほどの広がりもない。側射して迎撃する前に、敵に集中砲火を浴びかねない規模・構造と言わざるを得ない。

ならば横矢掛かり以外の理由により、突き出していると考えてみなければなるまい。明快な答えを持つわけでないが、①遮蔽（北側から堀全体を見通しにくくする）、②土塁隅部の強化・維持、③水路（堀）の水流制御、等が思い浮かぶ。この他の理由も考えられるが、塁線の突き出し、折りは必ずしも横矢掛かりに伴うものではないことを指摘しておきたい。

東側から見た土塁と堀跡

土塁はAの南側に、途切れながらも伸びている。西側には水路が並走し、堀跡と考えられる。地形図や長浜市による測量図（長浜市教育委員会二〇一七）等を参照するとB地点では南側の土塁Cとの間が途切れ、食い違う。またBには排水口が集中する。Bで土塁が食い違うのは、先の①・③に加え、別の理由を考えるべきであろう。

垣見家文書の文化四年（一八〇七）作成絵図によれば、Bから東側に向かって水路が伸びていたことがわかる。水路の北側には「先年垣見喜右エ門江分地　断絶仕本家支配　桑畑物類植」「垣見静安江分地　当時外屋舗ニ居住ス　桑畑茶園類植ル」とある。すなわち、時期は不明ながら分家に分け与えていたところであり、江戸後期に

垣見氏館へのアクセス
JR長浜駅東口から3㎞、駅西口に電動アシストあり。長浜ICから2㎞、車で5分。

は桑畑となっていた。分家に分け与えた時期は不明ながら、元はBの北側のⅠ、南側にあって現在の垣見家居宅を中心としたⅡの区画から構成されていたと考えることもできよう。

ところで平成二十六・二十七年にⅠの一帯では保存を目的とした学術調査の発掘調査が行われている。十五世紀末葉以降の遺物が一定量出土しており、戦国期に遡る城館である可能性が高くなった。字古殿の範囲は、館跡の東側にも広がっており、約一一〇m四方の正方形に近い形状となる。これらのことから、元は一一〇m(およそ一町)四方の方形館であった可能性が指摘されている。実は字古殿の南東部のⅢには元禄十一年(一六九八)になって、一万石(後に一万三〇〇〇石)を領する堀田正休を藩主とした宮川藩庁が置かれていた。陣屋の遺構は残らないが、Dに石碑が建っている。陣屋の存在、広がりから考えても、元の垣見氏館は一一〇m四方の規模を備えていた可能性は高いと言えよう。

ただし明治六年作成の地籍図によれば、Eには土塁Aの延長から続く「藪」があったことが知られる。この藪全体は土塁であった可能性が高く、館内部は堀・土塁でさらに区画されていたとみられる。

ところで宮川陣屋のように古城・古屋敷を利用した陣屋は各地にある。滋賀県内でいえば、大溝城(高島市)を利用した大溝陣屋が思い浮かぶ。古城・古屋敷を利用した理由は防御面で堀・土塁ができたこと、集落・町場と隣接していながら除地として空閑地となっていたこと等が考えうる。

宮川陣屋石碑

宮川陣屋の場合、中世以来の居住する垣見氏との関わりも大きかったのではないか。近世の陣屋構造の視点からも、陣屋との関わりにおいても垣見氏館は貴重な遺跡であると言えよう。

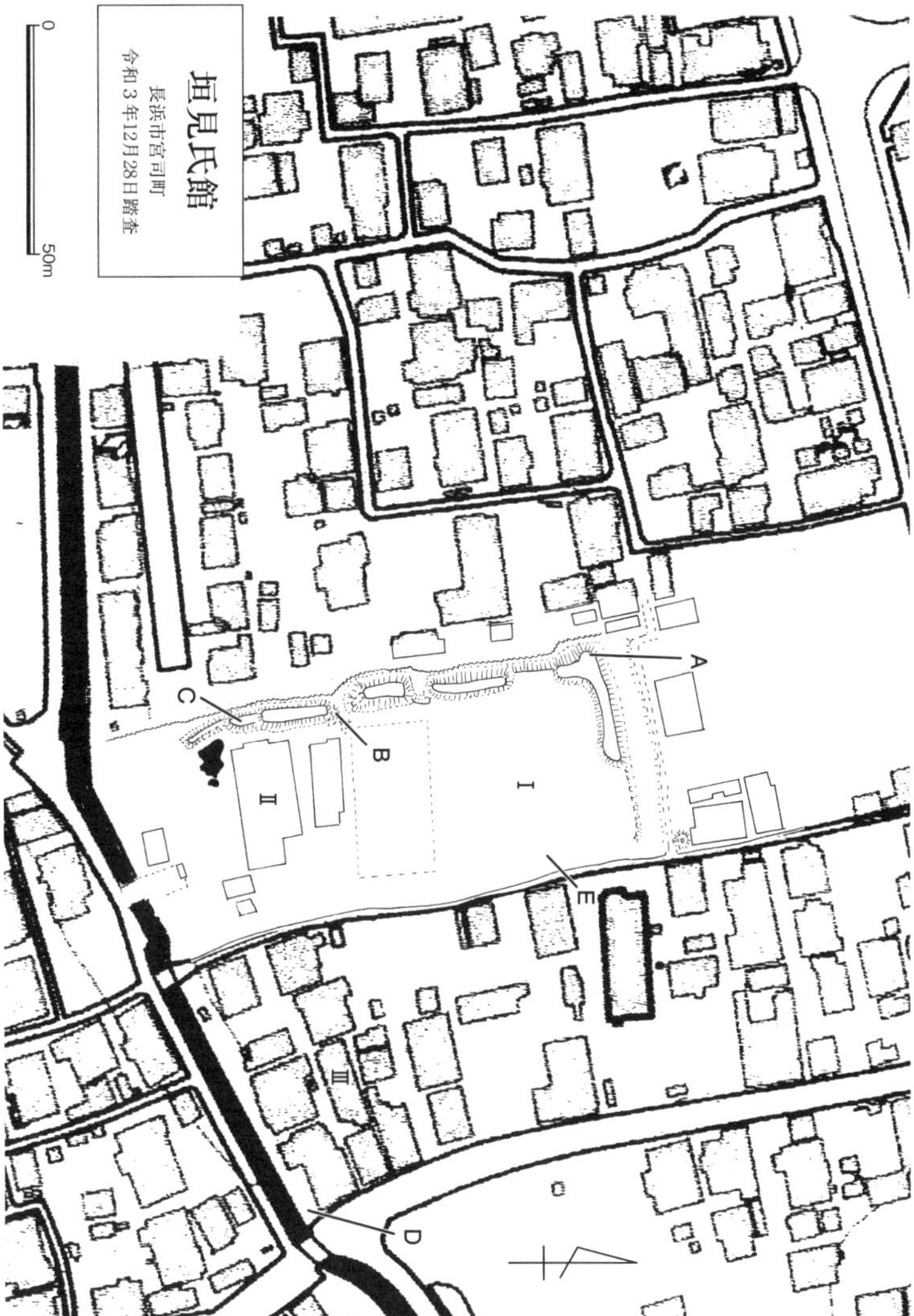

垣見氏館跡縄張図（作図：髙田　徹）

8 下《しも》坂《さか》氏《し》館《やかた》

国指定史跡　北近江城館跡群（平成十八年）

所在地　長浜市下坂中町
築城時期　十四世紀？
主な遺構　土塁・堀

下坂氏は当初「河内」姓であったが、北面の武士であった刑部丞基親が坂田郡下坂庄に居住して「下坂」姓を称したと伝わる。南北朝期には足利方として戦功をあげている。室町期には佐々木氏一族の高島氏から養子を迎え、京極氏の家臣団に加えられるようになった。戦国末期になると、左馬助家と四郎三郎家の二家に大きく分かれる。左馬助は最終的に浅井氏に仕えることになるが、長く京極氏の家臣であり続けた。

一方の四郎三郎家の正治（一智入道）は、主君浅井長政が小谷城中で自刃する直前まで、側近くに仕えた。浅井氏が滅亡した天正元年（一五七三）以降は、帰農する。江戸期には郷士身分となり、村落農民を被官・家臣化し、中世以来の領主的な性格を保持していた。

城館跡は、南側の一部は失われているとみられるが、他は高さ一～二m前後の土塁が良好に残っている。中央部に主屋、その北側に蔵、主屋南側には門がある。主屋は十八世紀後期に建てられたものと考えられている。昭和五十年代まで医院として使用されていた。

主郭はⅠ郭である。東西約八九m、南北約八七mの規模であり、東西にやや長い方形を呈する。

注目されるのは西側では、曲輪面と土塁との間、中段と言うべきところに曲輪状の平坦地Ⅱが存在することである。Ⅱの西端となる土塁裾部からは溝状遺構、東端からは溝状遺構と小土塁、内部からは柱穴が見つかっている。土塁を盛った土の中からは、十四世紀初～十五世紀後半頃の土師皿等が多数見つかっている。このことから西側の土塁は、十五世紀後半以降に造られていることが判明する。さらに土塁が設けられた十五世紀後半以降に、今見る姿の城館構造がおよそ成立したと理解される。

ところで土塁の中段ともいうべきⅡはなぜ西側のみに

あるのだろうか。発掘調査成果を読み取ると、ⅡとⅡの西側の土塁は元々あった高まりを利用していると考えられる。高まりを加工することにより、西側の土塁とⅡを造り出しているとみられる。ただし、他の三方の土塁については発掘調査の対象となっていないので、構築方法は定かではない。発掘調査は多くのことが明らかになるが、遺跡を大なり小なり破壊する。遺跡を保護する上では、必要最小限の範囲でなされるのは致し方ない。

Ⅰ郭東の虎口Ａから見た主屋・蔵

　土塁の東・北面は水堀が囲い込んでいるが、水が流れる水路を兼ねている。西側と南側（東半分を除く）は、やや低くなっていて堀が巡らされていたことが推測できる。西側については発掘調査によって幅約四・八m、深さ約二mの堀が巡らされていたことが確認されている。堀と土塁は構築されて以来、底を浚えたり土を盛ったりと補修が繰り返されている。補修・維持を図ることによって中世から現代まで伝えられているわけである。

　Aは土塁の東側に開口させた虎口である。開口部には東側の堀に伸びた溝が見つかっている。溝と通路、そし

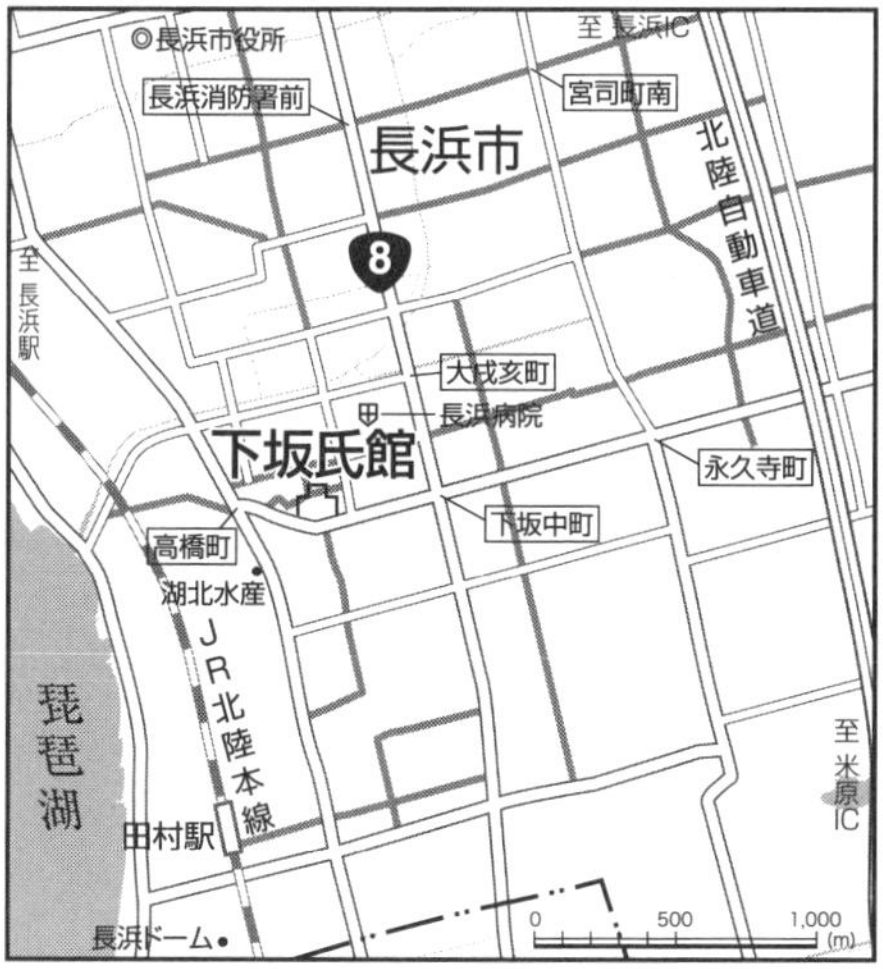

下坂氏館へのアクセス
JR田村駅から1.5㎞。長浜ICから4.4㎞、車で9分。

て門があったと考えられる。現在はⅡ側へコンクリート製の石橋が掛かる。

Ⅲは東西に細長く、いびつな形態の平坦地であり、土塁等は見当たらない。ただし、発掘調査ではB付近から東西方向に伸びた堀が見つかっている。内部は区画して使用していたと考えられ、複数の柱穴、そして遺物が出土している。

Ⅰ郭の南側には細長いⅣがあって、その南側を堀と考えられる水路が流れている。Ⅰの前衛的な曲輪があったと思われる。そしてⅠの現在表門が建つあたりにⅠとⅣを連絡する虎口があったのではないだろうか。

Ⅴは、下坂クリニックとなっている。その東に下坂家菩提寺にして、下坂家のみが檀家となる不断光院《ふだんこういん》がある。同院は元亀元年（一五七〇）説もあるが南北朝期に開基が遡る可能性が指摘される。中世の居館には持仏堂が置かれることがあったが、不断光院は今も残る典型例と言えよう。本堂裏手は下坂家墓所となり、東側には土塁Cが南北に伸びている。土塁Cの東側には、発掘調査によって幅約三m、深さ六〇cmの堀が確認されている。またDとEを結んだ南北方向には、これも発掘によって堀跡と考えられる遺構が見つかっている。

館跡は、令和元年下坂家から長浜市に寄付され、同二年八月八日から一般公開されるようになった（詳細は長浜市ウェブサイトを参照のこと）。立ち入れない部分もあるけれども、近世以来残される主屋内を見学できる。居住者の気持ちになって、主屋側から土塁内側を眺めてみるのも一興であろう。

北西方向から見たⅠ郭土塁

南側Ⅳ側から見たⅠ郭の表門

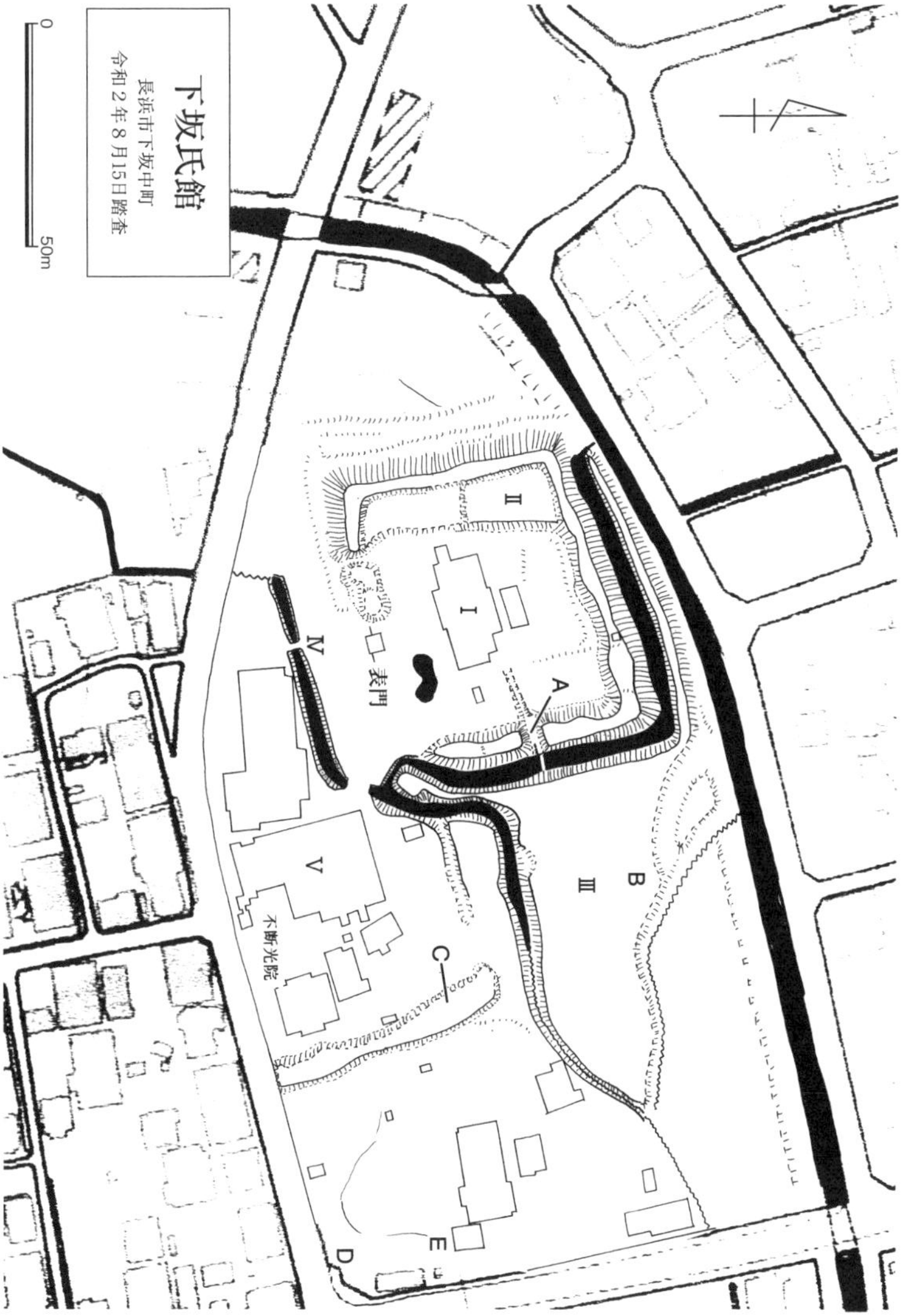

下坂氏館跡縄張図（作図：髙田　徹）　非公開部分は長浜市実測図を参照

9 大原中村城《おおはらなかむらじょう》

所在地　米原市本市場
築城時期　鎌倉～戦国期
主な遺構　土塁・堀

大原氏館・大原判官屋敷とも呼ばれる。近世成立の「江州佐々木南北諸士帳」等によれば、佐々木信綱の嫡男重綱が貞応年間(一二二二～二四)に大原荘地頭職を与えられ、大原氏を名乗るようになったとされる。大原氏は、室町期には幕府奉公衆となっている。戦国期になると六角高頼の三男であった高保が大原氏当主となり、大原氏一族はその被官となった(山東町一九九一)。

城跡は、『近江坂田郡志』によれば「かまへ」と呼ばれていた。「かまへ」とは「構え」であり、城館跡にはしばしば認められる呼称である。

『山東町史』によれば主要部は「城の内」、西側を「堀の西」、南側を「堀の外」、南西側を「中屋敷」北側を「堀の内」と呼ばれていたようである。「城の内」とは一般的に考えれば、城の内側の意味であり、城の主要部を指すとみられる。「堀の西」は堀の西側、「堀の外」は堀の外側の意味であろう。「中屋敷」は中心的あるいは真ん中に位置する屋敷地の意味と考えられるが、城館が存在した時の呼称をとどめるのか、近世の村落の中の屋敷(群)を指したものかは不明である。屋敷地名は中世由来の場合もあるが、近世段階に成立するものも含まれる。「堀の内」とは、基本的には堀で囲い込まれた内側の意味である。実際、堀で囲まれた曲輪部分を指して「堀の内」と呼ぶケースは少なくない。一方で「堀の内」は、城館と関係ない場所に存在することもある。「堀」を関する地名全般に言えることながら、堀は城館のみに存在するわけではない。防御云々を離れて、集落・寺社等を囲む堀も存在する。ただし大原中村城の「堀の内」に関しては、城館に伴うものと理解して良いだろう。

城跡の主要部は現在竹藪・雑木林等になっている。L字形に土塁A・堀Bが残っており、これらによって囲い込まれる北東側が内側となる（Ⅰ郭）。土塁は幅約五m、高いところでは約二mを有する。折れた土塁内側には石塔が並び、大原氏墓所と言われている。堀は広いところでは約一〇mを測り、深さは一m前後となる。

かつてはD付近に南北方向に伸びた土塁が存在したが、今は宅地と化している。Eで行われた発掘調査では、東西方向に伸びる堀の一部が検出されている。これは堀Bにつながっているとみられる。

南側の堀Ｂ（藪は土塁。西側から）

昭和三十六年撮影の国土地理院空中写真を見ると、A～E一帯は樹木が茂った状態となっている。そしてF付近から南側に向かって樹木が茂った部分が見られる。これが東側の堀・土塁部分であろう。すると城館の東西の規模は、七〇m前後となろう。

ところで従来指摘された形跡はないが、Gには高さ約一m、幅二・五m土塁が南北に伸びる形で残っている。空中写真でもはっきりと確認され、現在駐車場となっている東側は堀状となっている。そして土塁は現状の北端あたりで西に折れていたと判読できる。少なくとも城館

大原中村城へのアクセス
JR近江長岡駅から3.1㎞、車で5分。NANGA本社の南一帯。

民家脇に残る土塁G（南東側から）

はⅠ郭、北東部のⅡ郭から構成されていたことになる。

Ⅰ郭の範囲に戻るが、現状ではⅡ郭の北端と揃うラインに求めるのが妥当であろう。現状でも、空中写真からも、土塁か堀跡を思わせる、細長い地割がHに認められる（ただし、細長い地割は付近では少なからずみられる）。仮にHをⅠ郭の北限とすると、城館の南北の規模は約七〇mとなる。

現状ではⅡ郭の範囲は不明である。東西の規模と等しい方形を考えると、南側に余地が生じる。この場合、南側にもう一つ曲輪を想定することもできよう。あるいは南北に細長い曲輪だったと考える余地もある。

いずれにせよⅠ・Ⅱ郭のみで城館に関わる空間が構成されていたはずはなく、周辺に曲輪、家臣屋敷等が存在した可能性が高い。関連してⅠ・Ⅱ郭の虎口がどこにあったのか、虎口と周囲の道がどのようにつながっていたのか、虎口と道の間に何が広がっていたのか等も明らかにしたいところである。

ちなみに平成元年に行われた滋賀県教育委員会による分布調査の際には、Ⅰ郭の南〜南西方向に土塁・堀が見出されている（滋賀県教育委員会一九八九）。Jには民家裏に土塁の一部と思われる高まりがある。城館との関係は不明である。平成四年度に地元で「二重土塁」（K付近）と呼ばれていた箇所を発掘調査したところ、土塁としての痕跡は確認できなかった（山東町教育委員会一九九六）。したがって分布調査報告書に記されたほどの規模ではなかったとは言えそうである。

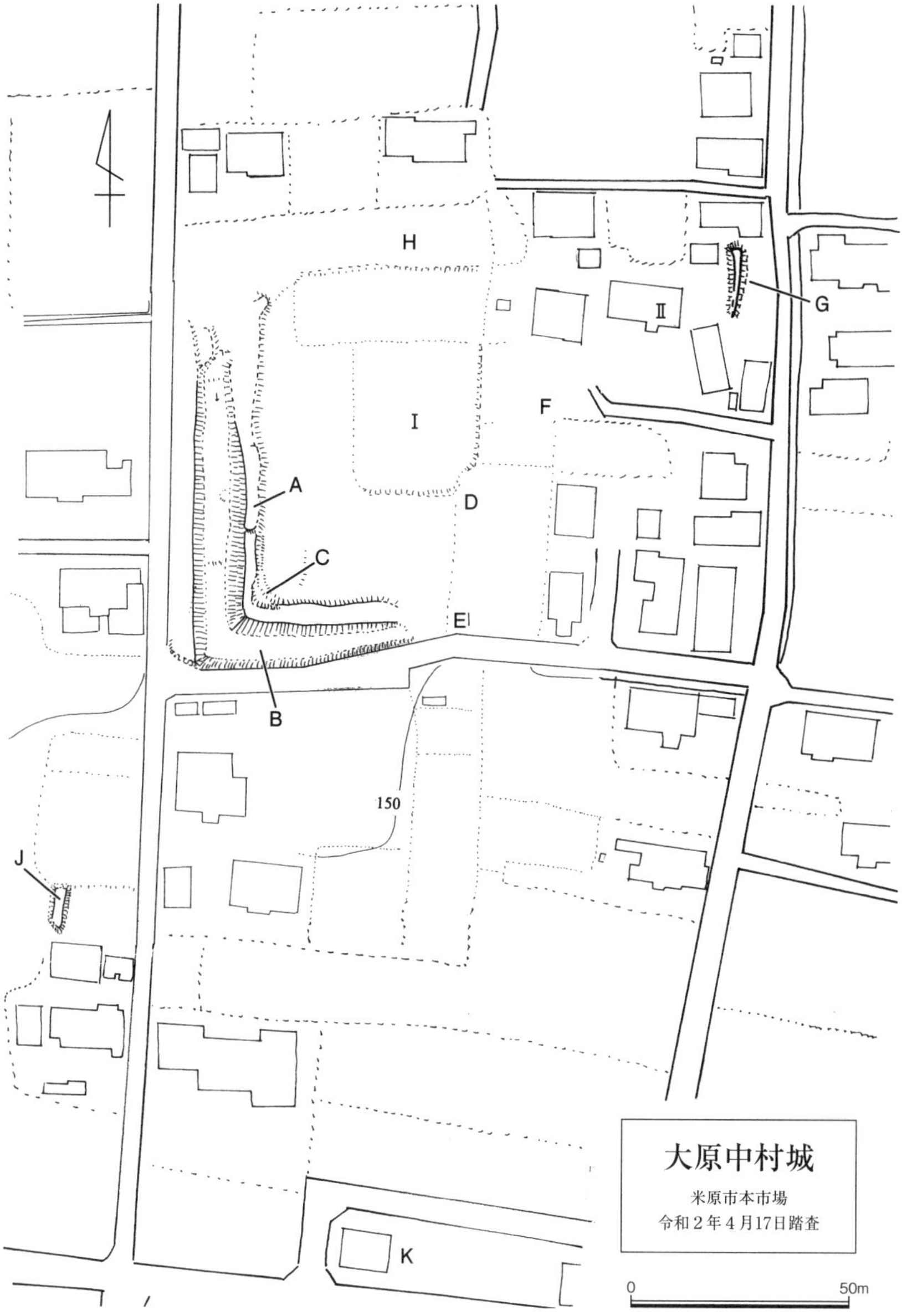

大原中村城跡縄張図（作図：髙田　徹）

10 久徳城《きゅうとくじょう》

所在地　犬上郡多賀町久徳
築城時期　戦国期？
主な遺構　土塁・堀

久徳城は、久徳氏が城主である。永禄三年（一五六〇）に浅井長政による不意の攻撃を受けて落城し、城主久徳実時以下、二百余名が討ち死にしたと『多賀町史』等は記している。系譜上の関係は不明であるが、その後久徳氏は再興する。元亀元年（一五七〇）に久徳左近兵衛は織田信長の軍門に降り、多賀・石灰荘、敏満《びんまん》寺《じ》領で三千石を宛行われている。同年十二月二十七日には「久徳構」に攻め寄せた浅井方の高宮左京亮の軍勢と一戦におよび、利があった。翌月になって信長から賞されているが、鎌刃城（米原市）主の堀秀村宛ての文書にも同内容が記されている。このことから、久徳左近兵衛は堀秀村の配下あるいは与力になっていたと考えられる。

天正二年（一五七四）に堀氏が織田信長から改易されると左近兵衛は羽柴秀吉の配下となり、ついで信長の直属になった。同十年（一五八二）の本能寺の変後には明智光秀方となり、山崎の合戦後に所領が没収されている。

しかし、翌十一年に秀吉から多賀荘内三千石の旧領が与えられたという。築城された時期、廃城時期は不明である。

城跡の中心部は、集落内にある市杵島姫《いちきしまひめ》神社境内（Ⅰ）と考えられる。道に面した鳥居脇には、昭和四十七年に建設された「久徳城跡」と刻した大きな石碑が建つ。石碑を眺め、写真を撮るのも良いが、折角訪れたならば今も残る遺構を見ておきたい。

本殿の裏側には幅約六m、深さ約一mの堀Aが残っている。堀Aは近年になって土が入られ、植樹されたため浅くなってしまっているが、ちょうど本殿を囲うようにL字形に伸びている。

こうした場合、一般例に照らしてみるに堀Aはさらに西・南側に伸びていたと考えるのが妥当である。実際、西側では幅がかなり狭くなった水路Cが続いており、これが堀の痕跡であると考えられる。水路Cは神社境内の西側を区画するように南西方向へ向かって伸びている（D）。

ところが堀Aの南端部には、高さ約一・五m、幅約八mの土塁Bが約四〇mにわたって伸びている。

この場合、①堀Aは土塁Bの手前で東か西へ折れ曲がって伸びていた、②堀Aは南端で土塁Bに沿うように折れ曲がって伸びていた、③廃城後に土塁Bもしくは堀A（あるいはいずれも）が改変を受けている、等の理由が考えられる。

市杵島姫神社境内の堀跡（南側から）

聞き取りによれば南側に伸びた土塁Bの東側は、以前はかなり低くなっており、堀跡の痕跡を止めていたという。この点を踏まえると、②の可能性が最も高そうである。その場合、なぜ堀Aは南端部で折れ曲がっていたのかも考えてみなければならない。Iの北東方向にあたるため鬼門除けとして折り曲げたとか、付近に虎口・通路があって動線を折り曲げたとか、といった点である。現状ではこれ以上の詮索はできないけれども、一つ一つの遺構の状態を確

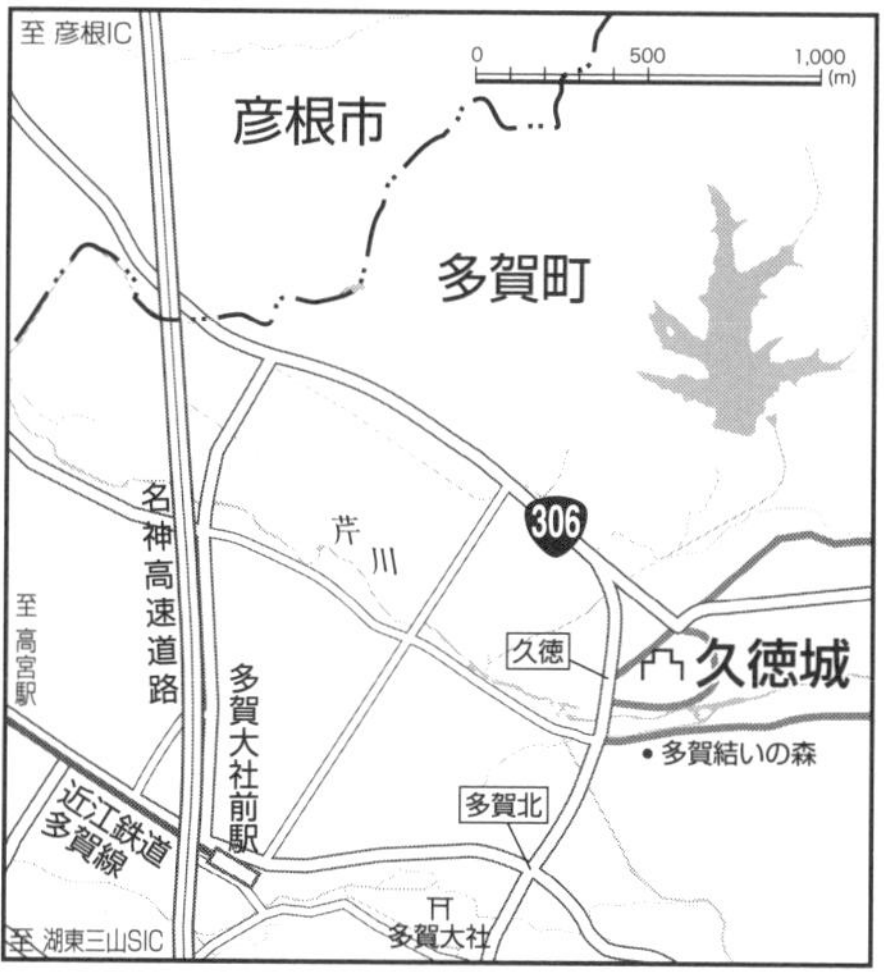

久徳城へのアクセス

近江線多賀大社駅から1.7㎞。彦根ICから5㎞、車で8分。久徳の信号を北東へ。

認し、考えながら見て回るのは面白いものである。

　ところで境内から北東約一〇〇m、集落の外れの位置のEには数年前まで二重堀が東西方向に約四〇m伸びていた。今は更地となって、堀跡の広がりが知られるのみである。Eにあった二重堀は、外郭の一部であったと考えられる。二重堀跡の延長上にあたるF・Gには水路が伸びている。このうちGの水路は、神社境内の西側を流れる水路におよそ並行する。このような場合、二つの水路は計画性をもって、同時期に、一体的に設けられたと考えることもできる。水路Dが堀跡であったとすれば、並走する水路Gも堀跡であったと理解することも許されよう。このような考えに立てば、久徳城は東西一八〇m前後、南北一五〇m前後の規模を想定することができる。

　ただ集落を流れる水路は現状での幅は狭く、もともと集落内部を潤すために計画性をもって設けられた、と考える余地もある。水路が堀跡であったかの判断は難しいが、いかに状況証拠を重ねることができるかであろう。

　なお神社境内の南東約一五〇m、芹川《せりかわ》に掛かる橋は「大手橋」と呼ばれる。大手橋まで城域が広がっていたとすれば、さらに規模は大きくなる。呼称がどこまで遡るかは不明ながら、大手橋方向に大手口があったとしてもおかしくはない。

　市杵島姫神社境内は、参拝も兼ねて自由に立ち入りできる。ただし、南側に伸びる土塁Bは民家との境界に伸びた私有地である。見学するにあたっては、境内側から一瞥する程度に止めたい。

南側に伸びたBの土塁（北側から）

久徳城跡縄張図（作図：髙田　徹）

11 敏満寺城《びんまんじじょう》

所在地　犬上郡多賀町敏満寺
築城時期　戦国期？
主な遺構　土塁・堀・虎口

名神高速道路上りの多賀サービスエリア構内、北端近くに敏満寺城はある。ガソリンスタンドの南側、内部にドッグランが設けられた小公園一帯が城跡である。城跡は洪積台地の端部にあり、西側の敏満寺集落との比高差は約二〇mある。選地的には平城とは言えないが、サービスエリア内からはほとんど水平移動で到達できる。歩きやすさ、訪ねやすさといった観点から、ここに取り上げてみた。ちなみに下りのサービスエリアからでも、連絡橋を渡れば訪れることができる。また高速道路に入らなくても、徒歩ならば構内に立ち入って見学することは可能である。

公園の一角、土壇の上には「清涼山敏満寺蹟碑」と刻された大きな石碑が建っている。碑表の書ならびに背面の文章は天台座主玄深大僧正の作である。敏満寺が延暦寺と強い関係性にあった由緒を踏まえたものであろう。碑は明治三十六年に建てられている。城跡に限らず、石碑は史跡につきものである。石碑は城跡らしさ、城跡であることを端的に伝えるものであるから、多くの人が撮影する。石碑には建てた人の思い、歴史観が込められているし、そこから得られる情報は多いのが通例である。一瞥あるいは表面のみ撮るのではなく、一周するなり背面にも回ってみることを勧めたい。この石碑の背面には、わずか九行の漢文調の文章が刻されている。文面には①敏満寺は聖徳太子によって創建された。②元は慈証上人経行の小さな寺院であった。③文和二年（一三五三）後光厳天皇が美濃に向かわれる際、国家安康を祈願されている。④永禄五年（一五六二）に浅井長政が久徳城を攻めた際、寺僧が久徳実時を助けた。そのため浅井氏によって放火され、堂宇を失った。⑤その後、衰亡の一途をたどった。⑥近代になって有志が相談し、歴史を記し

Ⅰ郭虎口脇の土塁（東側から）

敏満寺城へのアクセス

近江線多賀大社前駅から2.5㎞。名神多賀上り線SA構内。一般道からSA施設へ入れるぷらっとパークあり。

た石碑を建てた、ということが記されている。

あくまで一般論だが、石碑に書かれていることが全て正しいとは限らない。補足すると敏満寺が創建された時期は諸説ある。鎌倉期に再興されて中世には数坊からなる大寺院となった。戦国期になると浅井氏、ついで織田信長の攻撃を受けて衰亡したというのが定説である。

現在は中央部に名神高速道路、多賀サービスエリアが設けられたため地形がわかりづらくなっているが、かつて南北一㎞ほどにわたって伸びた台地上に敏満寺が広がっていた。敏満寺城は、この台地上の北西端部に位置していた。ちなみに本堂は城の南東約三〇〇m、胡宮《このみや》神社境内に存在したとされる。

城跡は、北側のⅠ郭と南側のⅡ郭から構成される。隣接して曲輪が付属していたかもしれないが、今となっては不明である。昭和六十・六十一年度にほぼ全体が発掘調査され、多くの知見が得られている。曲輪内部からは礎石建物二棟、掘立柱建物一棟、井戸、排水溝等が確認された。建物跡には燃えた状況が確認されている。出土した土師皿の年代は十六世紀中葉となる。これらのことから浅井長政もしくは織田信長による攻撃を受け、城（寺）は焼亡し、そして廃絶したと考えられている。

土塁Aは高さ四mと城内では最も高い。その北西部のBからは門跡が見つかり、折りを伴う虎口であったと確認された。門跡に面する土塁A裾部には高さ約一・五mの石垣が見つかった。石垣をはじめとする遺構の多くは、盛土されて今も地中に保存されているとみられる。遺跡保護上、いたしかたない処置である。

西側の段丘崖に面したCには高さ約一m、内側に石列を伴う土塁が確認されている。この土塁も内側に盛土されたためなのだろう、現状では土塁らしくなく、石列も見えなくなってしまっている。

Dは土塁の上幅が広がって櫓台となっている。旧状を保つが、フェンスが張られサービスエリア側からの立ち入りはできない。Dから南東に向かって土塁が伸び、先述した石碑の建つ土壇Eに続く。土壇Eは土塁の一部のように見えるが、発掘調査後に造成されたものである。石碑も発掘調査後に移されたもの

Ⅰ郭北東部の土塁（西側から）

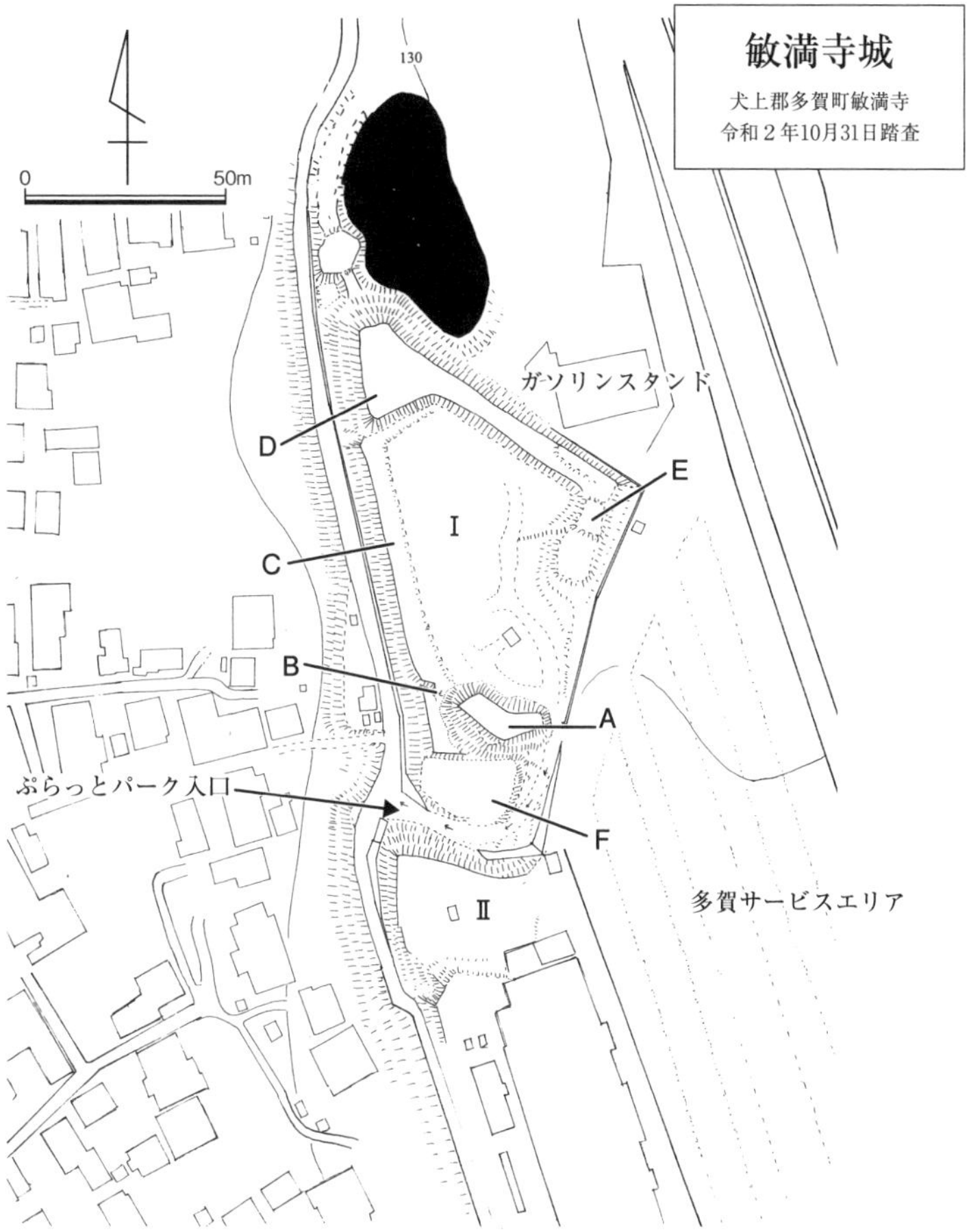

敏満寺城跡縄張図（作図：髙田　徹）

であり、当初の位置とは変わっている。かつての土塁はＥ北から南東に向かってまっすぐ伸びた後、くの字形に折れて土塁Ａにつながっていたとみられる。くの字形に折れた土塁内側には石組の井戸があった。しかし、井戸もくの字形に折れた土塁端部も、今は道路となってしまっている。

　堀Ｆを隔てた位置にあるⅡ郭は、南側にコの字形に土塁を巡らし、さらに堀を設けていた。こちらも今は堀・土塁が失われてしまったけれども、およそ曲輪の広がりだけは止めている。

12 尼子城《あまごじょう》

所在地　犬上郡甲良町尼子
築城時期　正平二年（一三四七）？
主な遺構　土塁・堀

尼子城は、正平二年（一三四七）頃に近江守護京極氏の勝楽寺城（甲良町）を守るため佐々木高久が築いたとされる。高久は尼子氏を名乗り、その長男の詮久が尼子郷の領主となった。次男の持久は出雲国守護代となり、後裔は戦国大名として名高い尼子経久である。

集落内にある「殿城池（御園堀）」Aは、尼子城の堀の一部であると伝わる。小さな池の中島には水神の祠が祀られ、近くには「尼子城堀跡」と刻した石碑が建つ。近くに建つ解説板によれば、祠は落城時に入水した城主姫君（八千姫）を祀るという。侍女の御園も殉じて入水したことを村人が憐れみ、「御園堀」とも呼ばれたのだという。池はかつて西側で北を向いて湾曲していたが、戦後になって宅地となって埋められてしまった。

今は池に続いていたという堀の痕跡も見当たらない。池の続きが湾曲して北側に続いていたのならば、池の北側一帯が内側、城館の中心部と考えられる。池の北約七〇m、県道二二七号に面する旧家は津藩主藤堂家一族との由緒を持つ（高虎は隣村の在士《ざいじ》出身）。この旧家あたりまで池から続く堀が囲い込んでいたのかもしれない。旧家の前のBでは東側から流れてきた水路の幅が広くなり、あたかも堀のようになる。注意されるのは旧家前で水路は三方向に分流することである。堰板《せきいた》をはめ込んで水流を分流・抑制していた痕跡もある。痕跡と言っても、コンクリートで固めた擁壁に細工を施したものに過ぎない。

もっともコンクリートで細工される以前から水路はほぼ同じ場所で分流され、広範囲に水が行き渡っていたのは想像に難くない。水田を潤す根幹となる水路は、そうそう変更できるものではない。広範囲に、おそらく毛細血管のように広がる水路を一元的に管理・規制できるのはまさしく旧家前となる。ここからは想像になるが、付近では尼子城が存在していた時代から城主が水利に関与・制御していたのではないだろうか。そして殿城池側にも水を引き込んでいたのではあるまいか。

さて県道の北側、住泉寺の東側は「尼子土塁公園」となっている。

土塁公園の土塁（北西側から）

昭和六十三年に行われた滋賀県教育委員会による分布調査の際、竹藪の中から土塁と堀が見出された。そして尼子氏の居館の一部であると評価されるようになる。平成八年の「尼子集落のむらづくり事業」により、公園整備がなされ現在に至っている。

公園内には、高さ約一m、幅約二・五mの土塁Cが二ヶ所の折りをもって伸びている。土塁の北側は細長い池となっており、堀状となる。しかし、幅は広いところでも三m弱と狭めである。公園整備された際、堀状となった部分には石積みも施され、修景された箇所がある。また土塁自体も多少整えられているとみられ、旧状が知

尼子城へのアクセス

JR河瀬駅東口から4㎞、駅西口に電動アシストあり。近江線尼子駅から1.6㎞。

りがたくなったところがある。

幸い整備前の遺構を記した図が、『滋賀県中世城郭分布調査5』に収録されている。これによれば現存する土塁Cの南側Dにはコ字形に折れる区画が存在し、土塁Cと土塁Dの間は堀もしくは通路状となっていた模様である。

さらに土塁Cの東側、E付近には堀状となった凹地があった。Eの東側にはT字状となった土塁Fがあったが、Eの凹地とはかみ合わない。土塁・堀が折れ曲がっているため、方形プラン（≒城館・曲輪の広がり）が設定しづらい。地形的には土塁Cの北側の方が高くなる。堀状となったところがあるが、土塁Cの北側の方が内側だったかもしれない。

ちなみに住泉寺西側Gにも低い土塁があり、住泉寺の鐘楼は高さ約三mの土壇上にある。関連する遺構が住泉寺西側にも広がっていたと考えることもできる。ただし、殿城池あたりまで城域が広がっていたかどうかはわからない。近接した別の城館であったかもしれない。

集落内のBで分流する水路（東側から）

殿城池

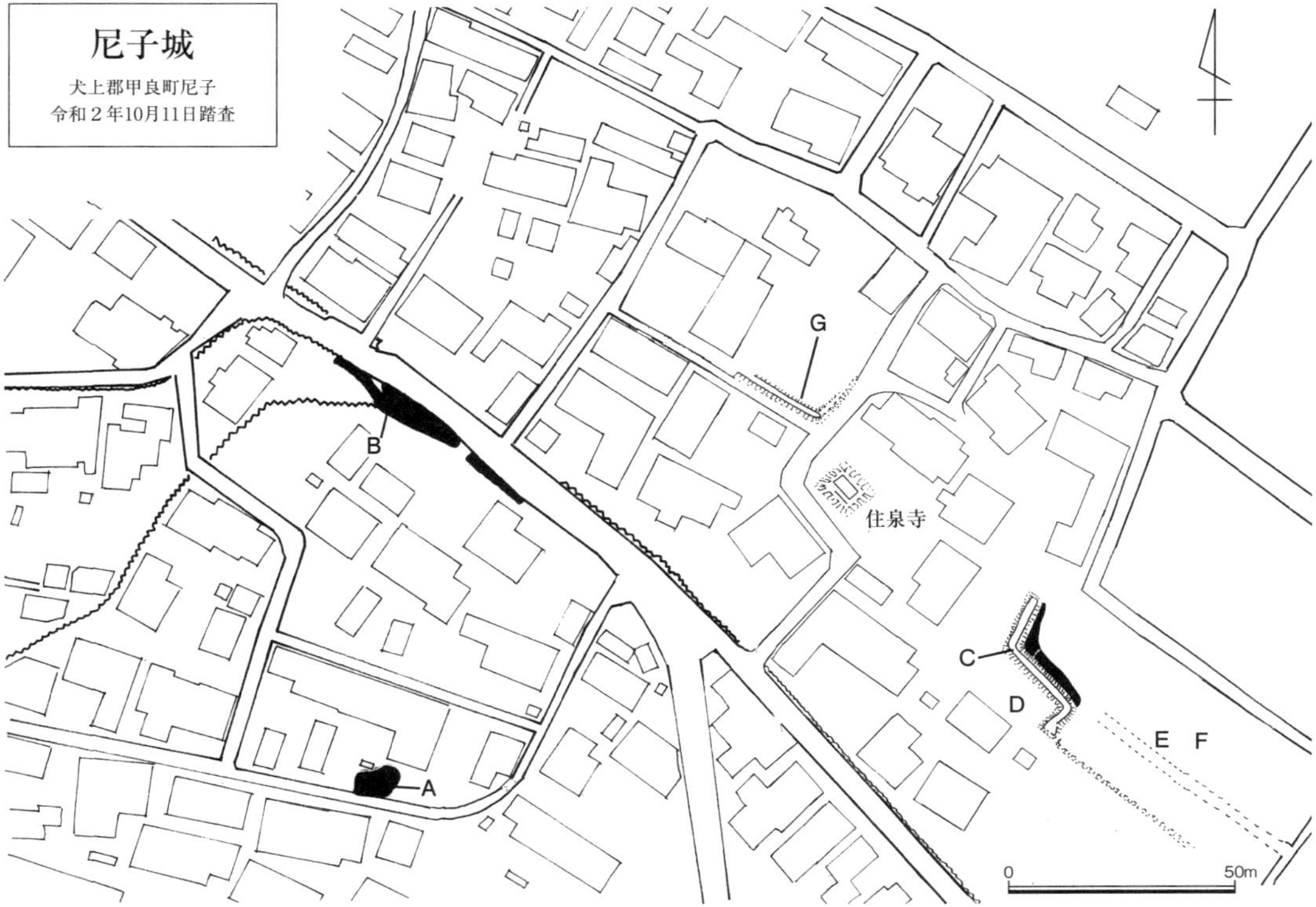

尼子城跡縄張図（作図：髙田　徹）

13 目加田城《めかたじょう》

愛荘町指定史跡（平成十五年指定）

所在地 愛知郡愛荘町目加田
築城時期 元弘・建武期？
主な遺構 土塁・堀

目加田城は、宇曽《うそ》川支流の岩倉川右岸、目加田《めかだ》集落の南端近くにある。平成十六年に目賀田城跡公園として整備され、土塁の一部をはじめとする遺構が見やすい状態になっている。

『近江愛智郡志』巻二によれば、この地は佐々木六角氏に仕えた目加田氏の発祥地であり、元弘・建武（一三三一～一三三六）以降、戦国末期まで目加田氏の居所となったのが目加田城であったという。目加田氏は天正十年（一五八二）の本能寺の変後、明智光秀に属した。そのため羽柴秀吉により改易されたと伝わる。

近江の在地領主は本能寺の変後に明智光秀、あるいは翌年の賤ケ岳の合戦時に柴田勝家に属し、戦後改易等の処断を受けたものが多い。誰が勝者になるかわからなかったこともあろうが、それまでの間に光秀・勝家との関係性の強さが戦時の帰属につながったケースもあったと思われる。

公園北側にはL字形になった土塁Aがある。高さ約三mで、上幅は四m前後である。西端は削り取られている状態が明らかなので、元はさらに西へ伸びていたはずである。土塁Aは北側と東側の傾斜が急で、南側は傾斜が緩やかであるから、南西側が内側、北側と東側が外側と理解できる。ちなみに土塁Aの中央部は以前開口していたが、発掘調査によって後世の破壊と判断されて復元整備された。土塁は廃城後、今見る姿のまま残されてきたわけではないことは注意しておきたい。

公園の南側にある土塁Bは、高さ約一・七m、上幅は四m前後である。今は失われてしまったが、以前はCの南北には高さ約一mの土塁が約一五mにわたって伸びていたらしい。

土塁Dは、「弁天山」と呼ばれている。高さ約一・五m

であり、南側に向かって下降する。土塁Aと土塁Dの中間には、高さ約一mの土壇Eがある。土壇Eと土塁Dの間は竹藪となっているが、周囲に比べて若干低くなっており、戦後までは水が湧き出していた。

明治六年作成の地籍図を参照すると、目加田集落の南側に水堀で囲まれた城跡の輪郭が明瞭に表れている。地籍図によれば、水堀の全体外形は正方形に近いけれども内側の曲輪の輪郭はややいびつとなる。そして北側の堀は窪んでおり、中央に島が見られる。また城跡の南側を流れる岩倉川は、今よりも北側、つまり城に近い位置に流れていたこともわかる。

南東側から見た土塁A

現状に地籍図の情報を重ねると、土壇Eは北側の堀が窪んだ中にあった島に比定できる。窪んだ堀については、舟入遺構とみなす説がある。しかし舟入を設けるのならば、南側の堀か、岩倉川に近接した位置が適している。築城以前から存在した湧水池を、堀に取り込んだため窪んだのではないか。想像に留まるが土壇Eは水神である弁財天を祀っていたのではあるまいか。それがいつしか

目加田城へのアクセス

近江線豊郷駅から2.3㎞。新幹線東の道を南下、県道220号岩倉川沿いに行く。湖東三山SICから5㎞、車で10分。

土塁Ｄが「弁天山」と呼ばれるようになったとは考えられないだろうか。

地籍図から判明する堀の輪郭は、およそ図中に破線で示したようになる。約七〇ｍ四方の規模が想定できる（堀を含めれば約一〇〇ｍ四方）。こうした内部に土塁Ｂ、そして失われた土塁Ｃが存在した。現存する土塁を通じて、内部は三区画ほどに分けられていたと考えられる。『近江愛智郡志』所収の目加田城図は、かなり簡略化された図ながら北西隅と南側に虎口（出入口）が描かれる。北西隅は木橋ながら、土塁（土手）に乗り上げるかのように描かれている。これに対して南側は、「門」と記し、土橋を表現している。南側の虎口はＥ付近に比定されるが、地籍図では付近の塁線が折れ曲がる。

西側から見た土塁Ｂと竹藪

さらにＥの南側は、かつて「馬場」と呼ばれており、先述のとおり岩倉川は南側を流れていた。「馬場」と呼ばれたあたりには、もう一郭が存在していた可能性がある。その場合、「馬場」は虎口前面にあって馬出的な機能が想定できるであろう。一方、北西隅の木橋は土塁の開口部が描かれず、前後に道が続かない。廃城後に設けられた木橋であると考えられる。

ところで目加田集落は、かつて城跡の北東五〇〇ｍの位置にあったものが築城にあたり移動したとの伝承がある。現在の目加田集落を囲むように水路が取り巻いており、外堀跡のようにも見える。ただし水路の幅は狭く（かつては広かった可能性は否定できないが）、虎口は集落とは反対方向の南側を向いており、連携性を欠く。断定は控えるが、外堀であったとは考えにくい。平地城館の場合、どのあたりまでを外縁部（≒外堀）とみなすか、判断に迷う場合が多い。

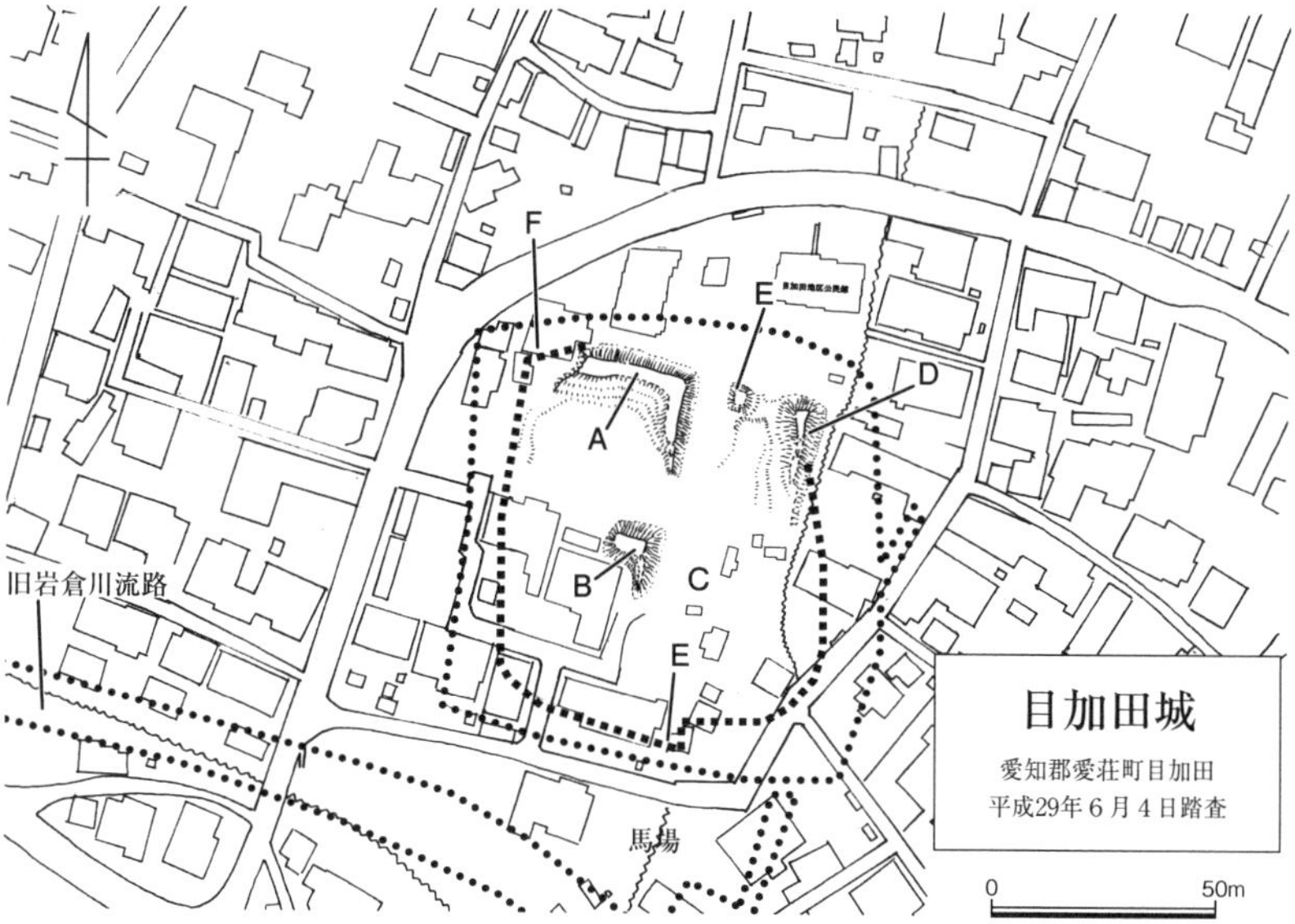

目加田城跡縄張図（作図：髙田　徹）

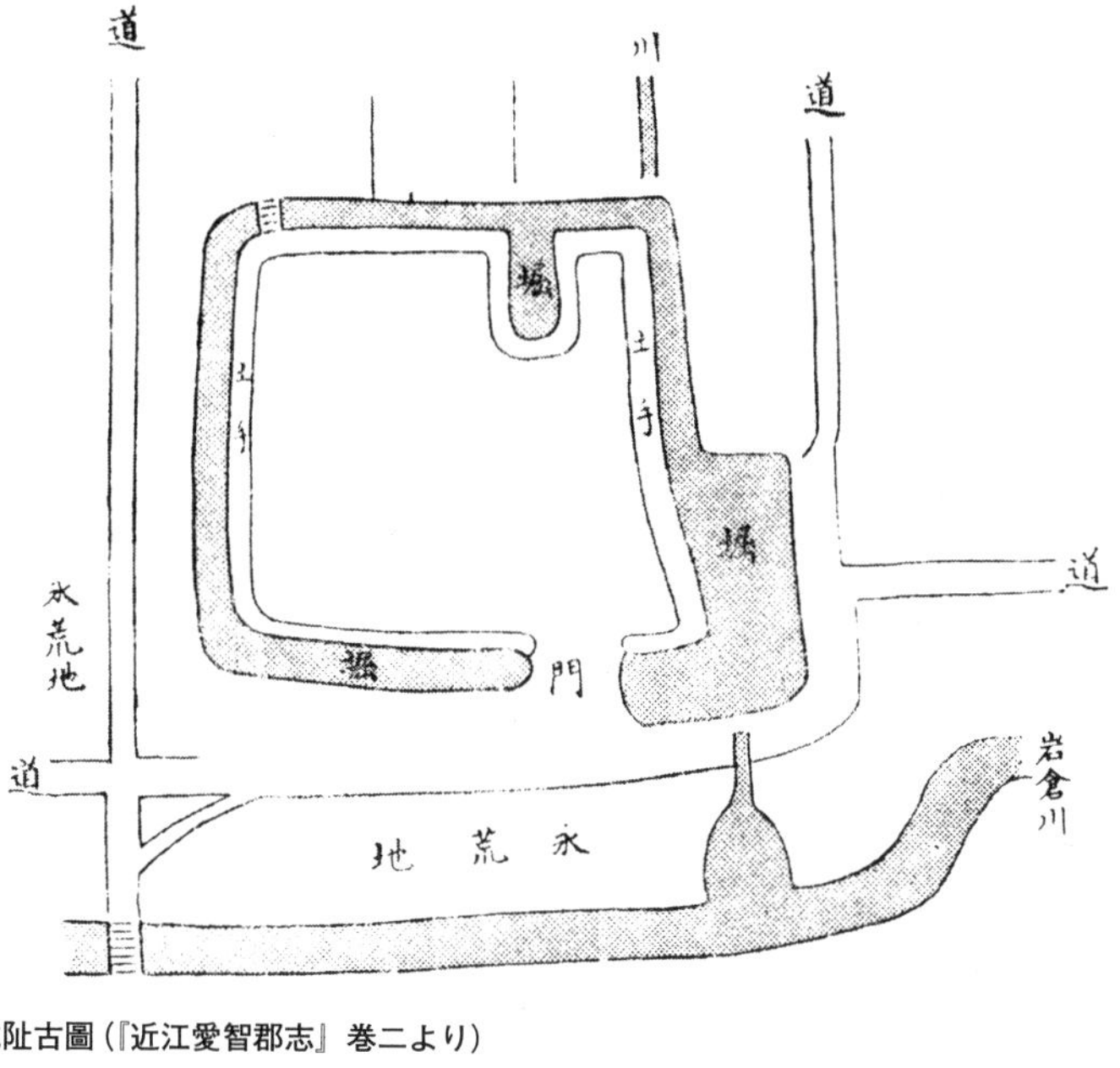

目加田城阯古圖（『近江愛智郡志』巻二より）

14 高野瀬城《たかのせじょう》

所在地　犬上郡豊郷町高野瀬
築城時期　南北朝期？
主な遺構　土塁

高野瀬城は、高野瀬氏代々の居城である。高野瀬氏は南北朝期以来、守護佐々木氏に仕えた。文亀三年（一五〇三）、高野瀬隆重は肥田城《ひだ》（彦根市）を築くが、以降も当城は存続したとみられる。大永五年（一五二五）には浅井亮政と対峙した佐々木定頼が滞城したという（『近江愛智郡志』）。

城跡の主要部は昭和三十五年に近江電線工場（現在は古河ＡＳ（株）豊郷工場）が建設され、敷地内の遺構はほとんどが失われた模様である。ただし、地中に堀などが埋没している可能性はあるだろう。

工場南のフェンス横に高野瀬惣中が昭和四十年に建てた石碑がある。石碑裏面の銘文によれば、かつての堀跡に建てられたとある。また東側の「高野瀬城」バス停横に滋賀県教育委員会が建てたコンクリート柱が建つ。

ところで高野瀬城の縄張りについては、『近江愛智郡志』巻二所収の昭和三年作成踏査図がある（以下、郡志図と呼ぶ）。

郡志図は従来からよく知られているが、図に基づく記述は郡志中でも無きに等しい。滋賀県教育委員会による報告書でも都市計画図と郡志図が挿入されているが、なぜか城館の解説文がない。『日本城郭大系』においても簡単な解説と郡志図の掲載に留まっている。

戦前に刊行された滋賀県内の郡志の多くは、全国的に見てもトップレベルの内容である。その後の研究が進んだ分野も少なくないが、今も史資料として価値は高いものと言えよう。

ただし高野瀬城の郡志図については、かなり大きな規模の城館としていること、記述内容が詳細を極めること、主要部の遺構が失われたこと等から評価・扱いが難しかったと言える。そこで主要部以外、具体的には郡志図に描かれた縁辺部に遺構が残っていないかどうかを確認した。

かつて城域のほとんどは竹藪となっていた。聞き取りによれば竹藪の中には土塁や川（堀）が残っていたという。しかし、現在竹藪が残っているのは三カ所のみである。A部分は郡志図によれば道・水路に沿って土塁があったように描いている。現在は竹藪部分が周囲よりも高くなっているが、土塁は認められない。A北側の道は「肥田道（街道）」と呼ばれ、中山道と彦根市肥田町方面を結んでいたという。

B部分は郡志図では土塁・堀が描かれるが、現存しない。ただし、聞き取れば戦後くらいまでは川（堀）が西に向かって流れており、ところどころに高まり（土塁）が存在したという。竹藪のどこかに、鯱鉾《しゃちほこ》が埋まっているとの言い伝えがあったらしい。工場との間あたりは「ウマカケバ」と呼ばれており、B北側あたりは字市場である。

Cの竹藪は、工場の南側にある。付近は家老屋敷跡と伝わる。郡志図では堀・土塁が描かれているが、道に沿った南北方向にほぼ郡志図に描かれた通りの土塁が残っている。幅約四m、高さ約一・二mであり、南側で東に折れている。竹藪の西側は西馬場《にしばんば》、東側は東馬場《ひがしばんば》と呼ばれている。周辺はできうる限り歩いてみたが、地表面に残る明瞭な土塁は、C部分のみであった。その他、道路の位置に関しては今も郡志図に符合するところが多い。

次に国土地理院の空中写真を見てみると、城跡の変遷がおよそ追える。昭和二十二年時は主要部が竹林となり、

高野瀬城へのアクセス

近江線豊郷駅から1㎞。駅から北東10分の豊郷小旧校舎内観光案内所に電動アシストあり。

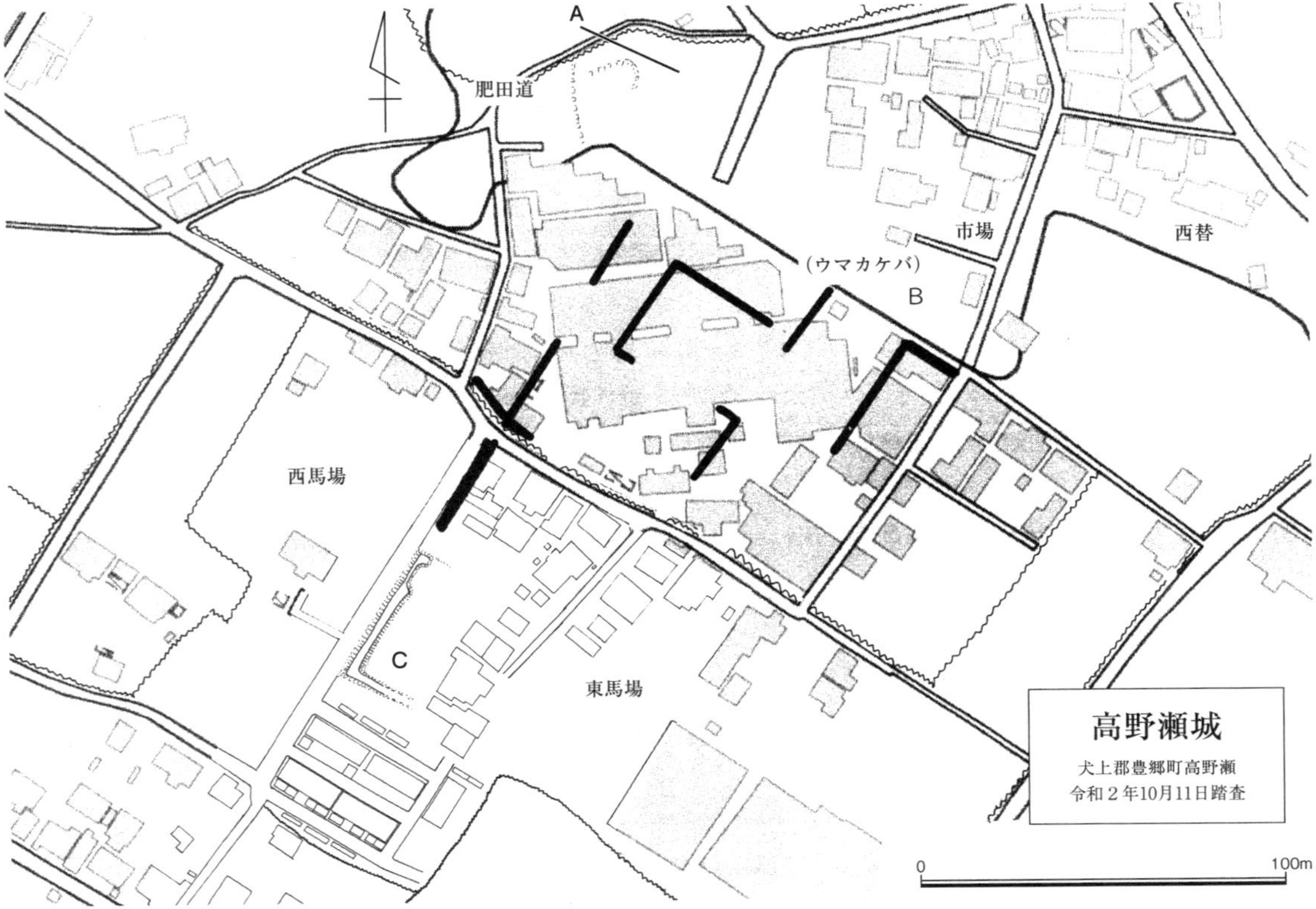

高野瀬城跡縄張図（作図：髙田　徹）
太線は空中写真から判読した土塁を示す

高野瀬城本丸附近図（『近江愛智郡志』巻２より）

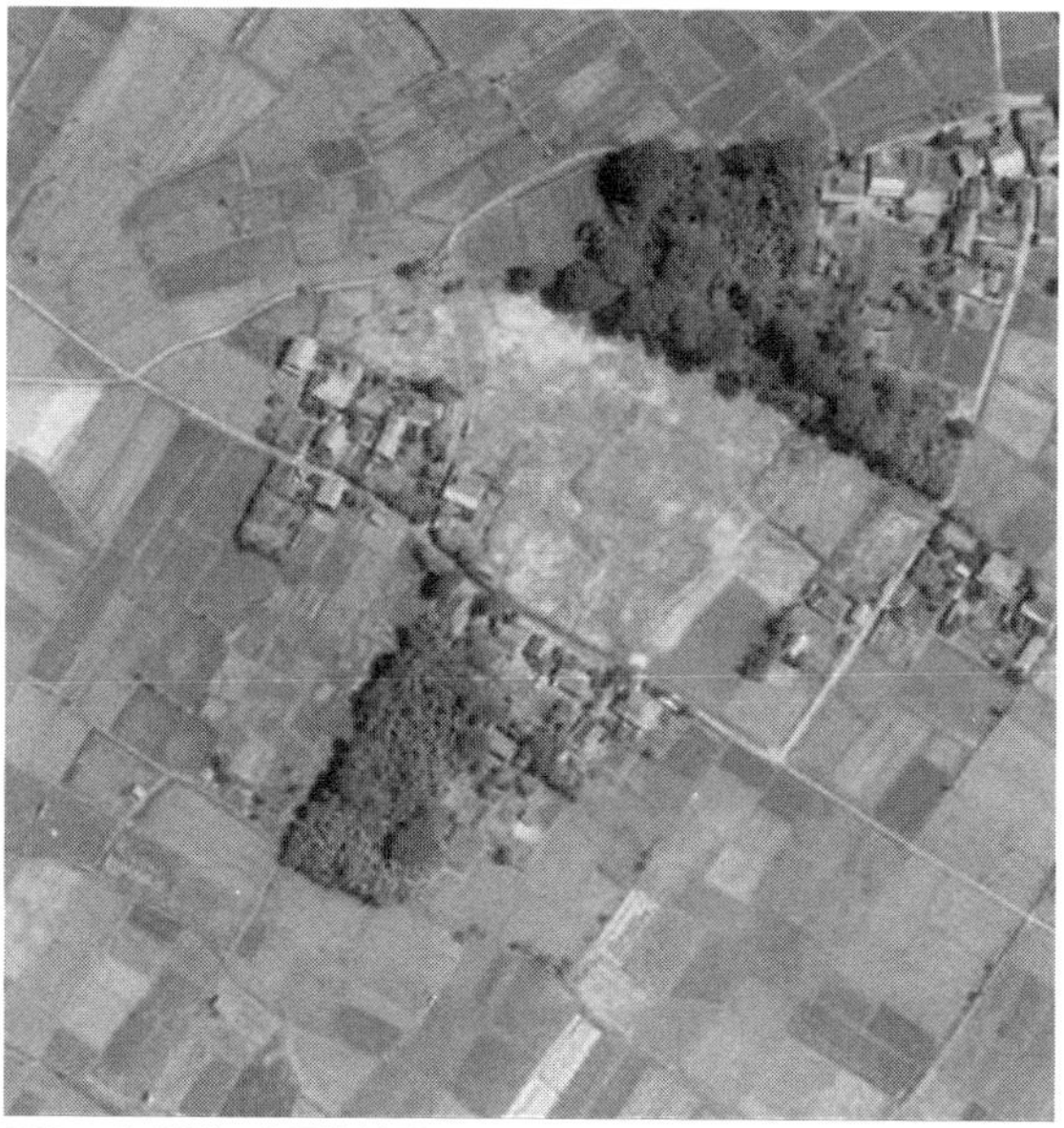

昭和36年撮影の高野瀬城跡
（国土地理院地図・空中写真閲覧サービス）MKK6155-C15-6367

遺構の状態が不明である。

ところが昭和三十六年時には、工場用地の竹が伐採されて更地になっている状態がたまたま撮影されているのである。この写真を見ると、土塁と思われる高まり、堀と思われる窪みが線状になり、南北方向・東西方向に途切れ途切れながら認められる。その状況は郡志図の本丸付近の土塁・堀の形状に符合するところがある。

Cに残る土塁や昭和三十六年撮影の空中写真を踏まえると、やはり郡志図に描かれた堀・土塁は実在したと考えられる。

改めて郡志図をみると、①ほとんどの曲輪が土塁囲みとなっている。②土塁と土塁が向かい合う場所は、道であったと考えられる。③主要な曲輪や城域全体を堀で囲うことはしていない。④中央部に主郭はあるが、規模・構造の点で突出しているわけではない。⑤北側の肥田道の外側は、空中写真によれば旧河道のようである。肥田道沿いの土塁は堤防的なものとみられる、等に気がつく。

このように高野瀬城は規模こそ大きいものの、全体・個別に関して防御性が発達していたとは言い難く、居館の集合体的な様相である。類似したものとしては、小倉城（東近江市）、植城（甲賀市）等が挙げられる。当城の遺構は多くが失われているけれども、郡志図を手にして歩けば、周縁部に面影を残していることを実感できる。

南西側から見たCの土塁

コラム

平地城館の調べ方——文献編

滋賀県内の城館についての基本文献と言えば、昭和五十六～平成四年に滋賀県教育委員会によって刊行された『滋賀県中世城郭分布調査報告書』である。同書には位置図、縄張り図、地籍図、現状写真、文献史料等がふんだんに盛り込まれ、充実した内容である。ただし、往時は残っていたが、三十年近く経過した現在では失われた遺構も少なくない。いま探訪の手引きとする上では、やや注意が必要である。また城館に似て非なる、あるいは城館であるかどうかの判断がためらわれる城郭類似遺構も多く取り上げているから、これも注意せねばならない。

県内の城館密集域である甲賀市に関しては、『甲賀市史第七巻』が市内の城館をほぼ網羅している。また城郭談話会編『図解近畿の城郭』全五巻も、滋賀県内の平地城館をいくつか取り上げている。その他、各市町村誌の中世編や考古編も参考となるところが多い。

発掘調査された城館については、なんといっても発掘調査報告書が基礎資料となる。ほとんどの報告書は滋賀県立図書館に収蔵されているし、本書で取り上げた新庄城や肥田城に関係する発掘調査報告書は国立奈良文化財研究所「全国遺跡報告総覧」(https://sitereports.nabunken.go.jp/ja) によってウェブサイト上での閲覧が可能である。

戦前の滋賀県では、今日でも資料的価値の高い郡誌(志)が多く刊行された。平地城館に関する記述も多いのだが、多くは国立国会図書館デジタルコレクション (https://dl.ndl.go.jp/) によりウェブサイト上で閲覧できるようになった。一例を挙げれば『近江蒲生郡志』、『東浅井郡志』等である。著作権法の絡みで未公開の巻を含むが、主要巻は閲覧できる。これら郡誌(志)の中には、城館図も複数収録されている。『近江愛智郡志』の鯰江城や高野瀬城の図は、着色された精細なものである。白黒画像で引用されることが多いが、着色された図も一見しておきたいものだ。

個々の郡誌(志)の城館解説は、城主の歴史に終始する感がある。それでも、わずかながら当時残されていた伝承や遺構について触れたところもある。

とはいえ今日の調査・研究が進んだ目線で言えば、疑義は少なからず存在する。それでも先人たちがどのように地域の城館をとらえ、伝えてきたかを考える上ではこうした文献も一度は目を通しておきたいものだ。

15 肥田城《ひだじょう》

所在地　彦根市肥田町
築城時期　文亀三年（一五〇三）
主な遺構　（肥田城）なし　水攻め堤防の痕跡

肥田城は、文亀三年（一五〇三）に佐々木六角氏の命を受けた高野瀬隆重が築城した。高野瀬氏は、豊郷町高野瀬を名字の地とする佐々木氏一族である。隆重の子である秀隆は江北の浅井氏方となり、永禄二年（一五五九）に六角義賢の攻撃を受ける。この際、六角方は肥田城の周囲に堤を築き、宇曽《うそ》川や愛知《えち》川の水を利用した水攻めを行った。城が水没する間際になって堤の二カ所が決壊したため水攻めは失敗し、六角氏を追い払うことができたという。その後、高野瀬氏は六角氏、次いで織田信長家臣の柴田勝家に仕えたが、天正二年（一五七四）越前国に出兵した際に討ち死にした。

その後、はっきりした時期は不明だが美濃国出身で織田信長家臣の蜂屋頼隆が城主となっている。天正五年には、信長嫡子の織田信忠がこの城に二回駐留している。天正十一年（一五八三）頃には長谷川秀一が城主となるが、同十三年に越前国東郷城（福井市）に移っている。廃城時期はこの時かもしれないが、長谷川氏が病没した文禄期に求める見解もある。

城跡の大半は、慶安三年（一六五〇）に彦根藩主導によって新田開発の対象となった。今は城跡のほとんどが水田となり、地上には何ら遺構を止めない。しかし、水田の広がりを通じて城跡は東西二五〇m、南北二〇〇m前後の規模であったと推測できる。肥田集落や周囲の水田には枡の目状となった条里地割がかなり残っている。城跡部分の水田の周囲もおよそ条里地割に対応するから、失われた曲輪も同様の地割であった可能性が高い。宇曽川を背にし、方形を基調とした複郭構造であったと思われる。

また城跡の周囲には家臣屋敷地を示す小字・伝承が点在する（勘解由屋敷、丹波屋敷等）。これらは、特に西側に集中する傾向にある。

一方、城跡東側には南北にほぼ並行する道が伸び、道沿いはそれぞれ「西町」「東町」と呼ばれる。城跡南側に東西に伸びた道沿いは「登(助)町」と呼ばれる。城に伴う町家(いわゆる城下町)に相当する範囲に比定できる。家臣屋敷や町家に比定できる広がりとの関係からも、城跡の規模を追認することができる。同時に西町・東町・登(助)町の道や地割と通じて、織豊期以前の町家を偲ぶことができるのは貴重である。

集落を囲む堀・土塁(A地点。西側より)

城跡の南東附近にある崇徳寺は、高野瀬氏、蜂屋氏、長谷川氏の菩提寺である。江戸期に西方の小字丹波屋敷の地から、現在地へ移動している。城主の画像を所蔵する他、境内には城主らの墓碑もある。本堂内の資料館は、城主画像の模本や明治六年に作成された大判の地籍図(水攻め堤防の広がりがよくわかる)等、肥田城や肥田に関する史・資料が所狭しと展示されている。事前予約の上、見学しておきたい。

なお登(助)町の南側、東町の東側には水路の内側に

肥田城へのアクセス
JR稲枝駅東口から1.3㎞。近江線豊郷駅から2.6㎞。

土塁が見られる。かつて肥田城の外郭土塁に比定されていたが、その囲む範囲や一部土塁の発掘調査等を通じて、廃城後（十七世紀後半以降）に水防上の観点から設けられた遺構と考えられている。

さて肥田城の水攻め堤防は、失われた部分が多いが今も断片的に残っている。周囲の条里地割と整合しない地割であるため、わかりやすい。聖泉大学の北西、宇曽川近くには「水攻堤」碑が建つ。最も面影を残すのは、図中に破線で示した部分であろう。一帯は水田となるが、破線部分は周囲よりわずかに高くなり、幅約一五mの帯状に伸びた地割が認められる。以前は高さを有したはずだが、堤の下幅はおよそ痕跡を止めているとみられる。何よりこの地点から北東を望むと、約六〇〇m先に肥田城が存在すると言う位置関係がよくわかる。比較的近い位置で攻城戦が、逆の立場で言えば籠城戦が展開されていたのである。水攻め堤防は、かなり大がかりなものであったことも理解されるであろう。同時に新田開発された影響もあろうが、城跡は意外に低い場所にあることにも気づかされる。

いったん水攻めを受けた肥田城であり、低地に選地するという弱点を暴露してしまったわけだが、その後も引き続き使用されている。上街道と下街道を結ぶ位置にあって交通上の要地であり、軍勢の駐屯、宿館として適した位置にあったからであろう。

水攻めといえば、高松城（岡山市）、忍城《おし》（埼玉県行田市）、竹ヶ鼻城（岐阜県羽島市）が著名だが、これらの城館は水攻めされた後も城館として存続する。いずれも、弱点を上回る利用価値の高い城館であったため長く利用されたのであろう。

水攻め堤防跡（B地点より。矢印部分）

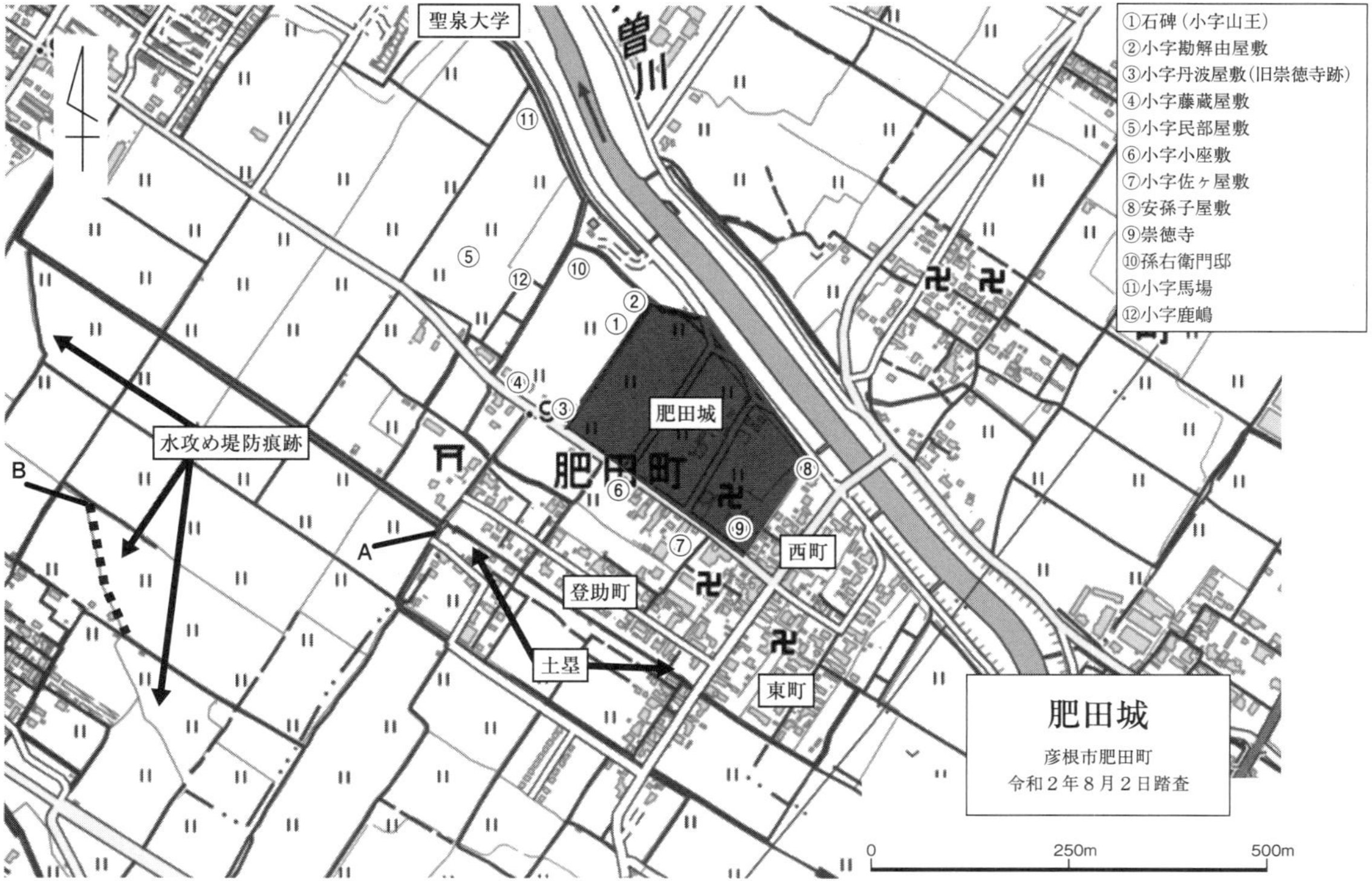
聖泉大学
曽川
①石碑（小字山王）
②小字勘解由屋敷
③小字丹波屋敷(旧崇徳寺跡)
④小字藤蔵屋敷
⑤小字民部屋敷
⑥小字小座敷
⑦小字佐ヶ屋敷
⑧安孫子屋敷
⑨崇徳寺
⑩孫右衛門邸
⑪小字馬場
⑫小字鹿嶋
肥田城
肥田町
水攻め堤防痕跡
B
A
登助町
西町
土塁
東町
肥田城
彦根市肥田町
令和２年８月２日踏査
0
250m
500m

肥田城跡周辺図（作図：髙田　徹）

16 垣見城《かきみじょう》

所在地 東近江市垣見町
築城時期 戦国期？
主な遺構 堀？

垣見城跡は、『神崎郡志稿上』によれば元亀二年（一五七一）に六角氏方の永田栄俊が在城して、織田信長に抗している。

城跡はＪＲ能登川駅の北西二五〇ｍ付近となる旧垣見集落内にあったと考えられる。考えられるというのは、具体的な位置がはっきりしないからである。

ただし、手掛かりがないわけではない。明治六年作成の地籍図によれば、集落の東端近くに字「殿屋敷」がある。「殿」は領主層を指すものであり、その屋敷があったことを示唆している。字「殿屋敷」は一区画となった畑地であり、しかも集落の大半を占める字村之内の中に孤立的に存在する。字村之内の中で特別な区画、他と区別されるべき場所であったことが窺われる。

小島道裕氏の調査成果によれば、後述の「姫屋敷」とともに「殿屋敷」は、家を建てると「のだたん」となると言われていたという（小島一九九七）。「のだたん」とは、栄えない、悪いことが起こるという意味である。

滋賀県の城館では、しばしば同様の言い伝えを持つ場所がある。他地域でも、城跡に家を建てることや城跡に落ちているものを持ち出すことに対する禁忌事項が伝わることが多い。もちろん迷信に過ぎず、城跡であっても宅地や工場等となって栄えているところも数多い。それでも、何故このような伝承があるかという点は興味深いものがある。子孫が絶え、守り伝える人間がいなくなった城跡に住むことへの畏怖や敬意等があったためではないだろうか。あるいは城跡は集落の中央にあったり、居所に適した場所にあったりすることが多い。城主が不在の状況になった後、城館跡に村落の人間が住むことを互いに遠慮しあった面もあったのかもしれない。

地籍図では字殿屋敷の東側に水路が流れ、南側と西側には字村之内の範囲ながらそれぞれ水路が流れている。このうち、南側の水路はかなり幅を狭めて残っており、水路を挟んで北側（字殿屋敷側）がわずかに高くなっている。地籍図に従えば、字殿屋敷を中心とした三方を水路で囲い込まれた範囲が垣見城跡に比定できそうである。

　もっとも地元で聞き取りをすると、複数人から字殿屋敷の西側にある金剛寺付近が「殿屋敷」であるとの話を聞いた。石垣があることを理由に挙げた話も聞いたが、少なくとも今ある石垣は新しい。到底、中世に遡らない。

北東側から見た字殿屋敷（周囲に比べてやや高くなる）

　また『神崎郡志稿下』には「垣見城遺址」として字殿屋敷の図が載っている。この図では地籍図の「字殿屋敷」と金剛寺の間に「殿屋敷」と記している。郡志の「殿屋敷」は、地籍図では数筆の宅地となっており、北側を除く三方を水路が囲んでいる。

　地名は近代になって場所が移動している場合もあり、どちらが元からの「殿屋敷」≒垣見城であったかは断定しがたい。あるいは二つの区画併せて垣見城であった

垣見城へのアクセス

JR能登川駅西口から700m。

と考える余地もある。地形図を見ると地籍図・郡志の殿屋敷とも、標高九〇mの等高線端部に位置していることに気がつく。いずれも集落の中の安定した場所に位置していると言えよう。なお金剛寺境内は三方を石垣で囲い込まれているが、境内は標高九〇mの等高線から西側に張り出している。境内を土盛りして嵩上げしたことから石垣が必要となって築かれたのではないか。金剛寺境内は、垣見城の成立後に造成されていると考えたい。

　ところで垣見集落の南西には、分流する射光寺川に囲まれた東西約九〇m、南北約六〇mの島状を呈する区画がある。明治六年の地籍図でも、ほぼ現在と同様の地割が認められ、東側と南側に掛かる橋によって内外を行き来するようになっている。この一画の中央部が「姫屋敷」と呼ばれ、ここも「のだたん」であるとされる。「姫」は「殿」の対置的なもので、女性、あるいは姫君の意味がある。また小さいことを指して「姫」と言う場合もある。姫君が住んだ屋敷であったのか、あるいは「殿屋敷」に対していくらか小さい屋敷という意味であったのだろうか。城館が存在したとすれば、姫屋敷と呼ばれた範囲に止まらず島状を呈する区画全体に考えるべきであろう。この区画は「字殿屋敷」よりは低地部に位置し、かつ今も周囲を囲む水路（＝区画）が明瞭である。それぞれの地形に適した区画（＝防御施設）をともなっていたと考えられる。これらの区画が同時期に存在していたとすれば、中間部分に屋敷・区画が集合するような構造、あるいは全体を堀・土塁で囲い込む構造等だったとは考えにくい。集落内部に個別的に存在するものではなかったか。

　なお小島道裕氏によれば「字殿屋敷」の北側にも別に「姫屋敷」と呼ばれる場所があったらしい。

姫屋敷の区画を囲む射光寺川

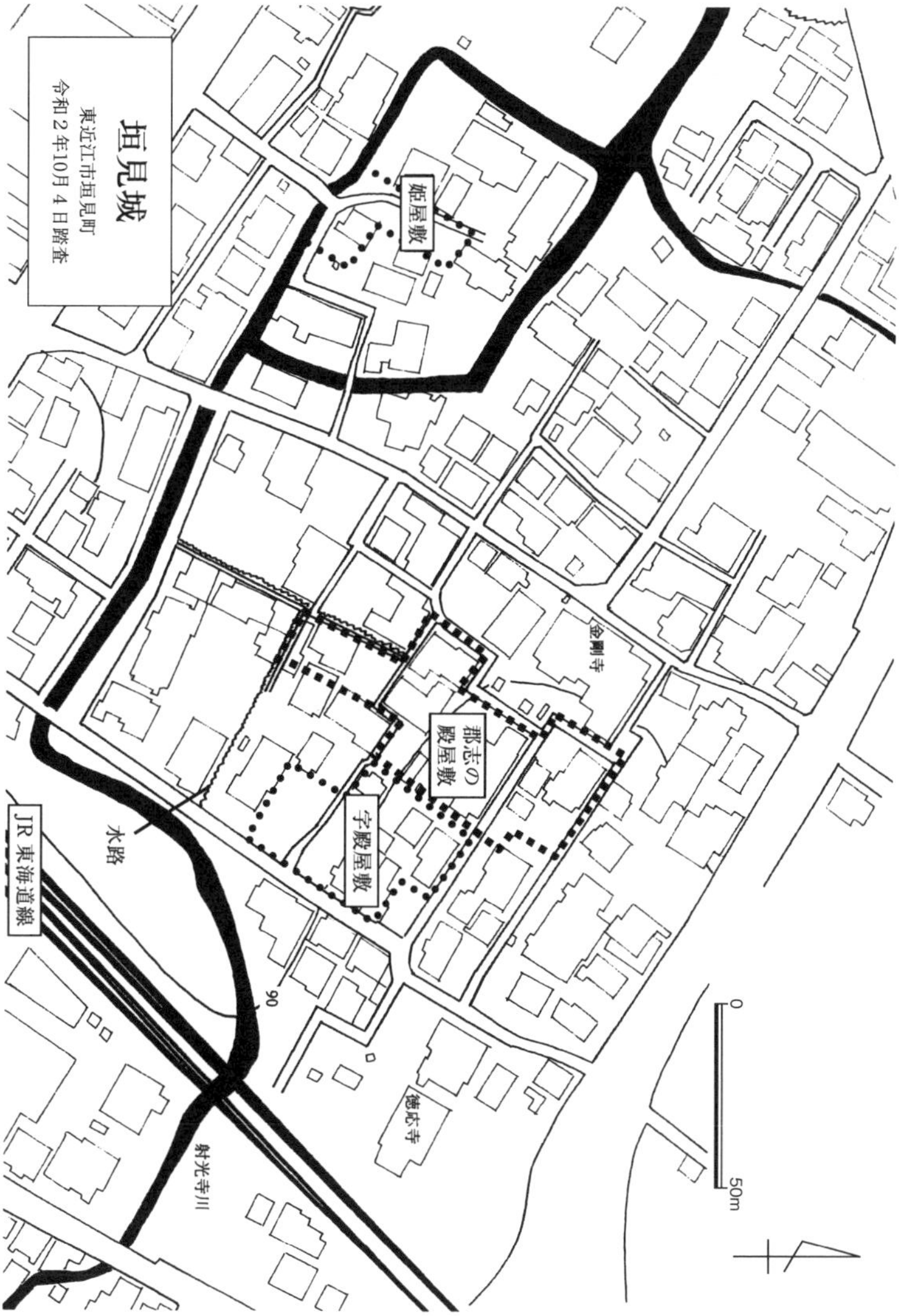

垣見城跡周辺図（作図：髙田　徹）

17 小脇館《おわきやかた》

所在地　東近江市小脇町
築城時期　鎌倉期？
主な遺構　堀跡

小脇館は、箕作山《みつくりやま》の南山麓部にある。北西の箕作山から伸びた尾根上には小脇城がある。北東約六五〇mの箕作山中腹には太郎坊宮（阿賀神社）が鎮座する。小脇には小字「堀田」・「御所」等があり、地割を通じて東西二一〇m、南北二二〇mの巨大な方形館の存在が推定されていた。館に関する伝承は残されていなかったようである。

昭和五十四年に市史編さん事業の一環で、城館の位置確認を目的とした発掘調査が行われた。A地点からは幅約九・五m、深さ約二mの堀が検出されている。北辺に相当すると考えられるBでは、幅一一m前後の堀跡が見つかっている。Cでは、水路際で堀に伴う落ち込みが確認されている。これに対してDでも堀跡が見つかったが、幅は五～六mと極端に狭くなっていた。Eでは細長い田と境界を造り出す畦畔の中間から北側への落ち込みが確認されている。これら堀跡から出土した遺物を通じて居館は鎌倉から室町期に機能したと考えられる。

建久元年（一一九〇）には源頼朝が小脇宿に到着している。暦仁元年（一二三八）、源頼朝は鎌倉へ戻る途中、小脇の

西側から見た「堀田」

南側から見た「堀田」(矢印。後方は太郎坊宮)

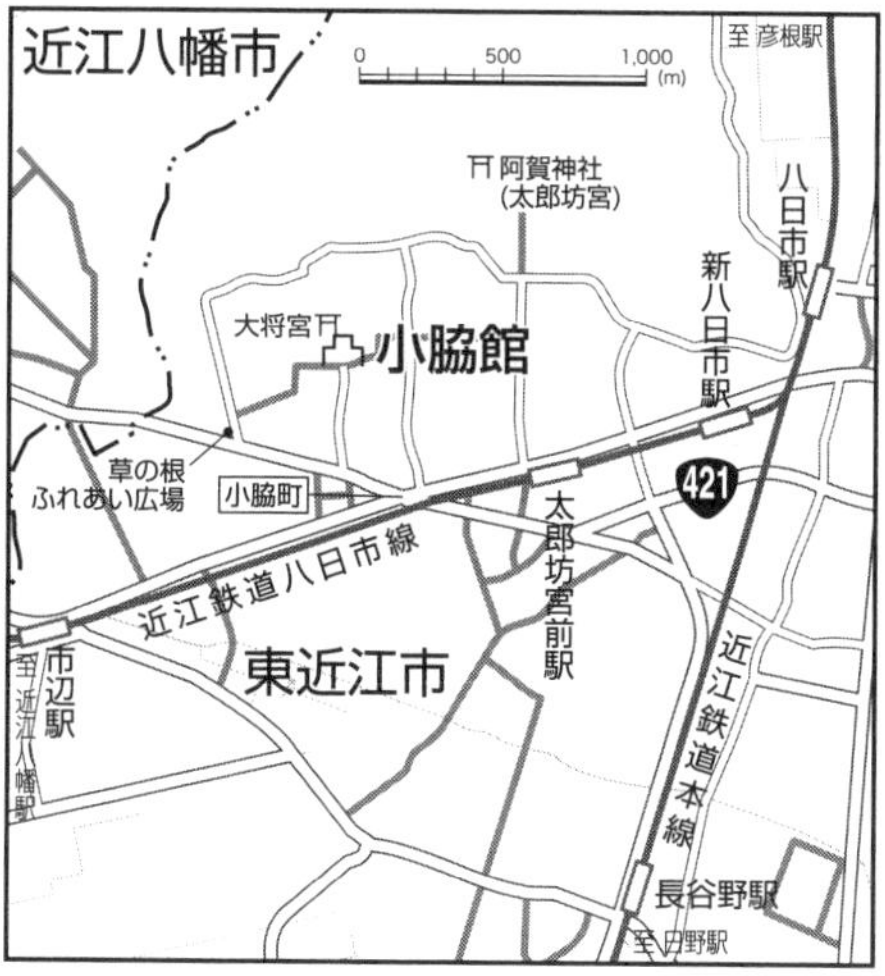

小脇館へのアクセス
近江線太郎坊宮前駅から1.2km。

佐々木信綱御所に宿泊している。この佐々木信綱御所が、当居館に相当するのではないかと指摘されるが、確証はない。ただこれだけ巨大な居館はそうそうにないし、居館の一画には小字「御所」が残されている。佐々木信綱御所であった可能性は十分あるだろう。

　南側の県道から小脇集落に向かってほぼまっすぐ伸びる道がある。集落の手前部分で道はいったん突き当たりとなるが、そこに中野地区町づくり協議会が建てた小脇館の解説板が建っている。少し道を戻ると、Ｆでは道の両側に細長い地割の田が続いている。特に東側は明瞭であり、堀跡であることが容易にわかる。先述のようにＥ付近では堀跡が検出されている。またこの堀跡の東端が、小字「堀田」にあたる。

その北側では農道部分が堀跡に比定される。このうち南端部は小字「堀田」であり、地籍図が作成された段階では堀跡らしい地割を止めていた。

二つの小字「堀田」に囲まれたあたりの小字が「御所」である。ここに信綱御所が存在したとも考えられる。ただ全体の方形区画からすれば南東に偏りすぎている。御所の位置としては集落内の中央、奥まったところにある大将宮の境内地の方が適しているであろう。

大将宮の正面は馬場となり、道が広がる。神社祭礼のため、馬場として道が拡張されたのかもしれないが、一方で居館に関わって道が広くなっていたとみなすこともできよう。大将宮を含む宅地が建つ一帯は、今のところ調査対象となっていないところが多い。館全体の規模が大きいだけに、内部が複数に区画されていたと考えることもできる。

南側から見た大将宮

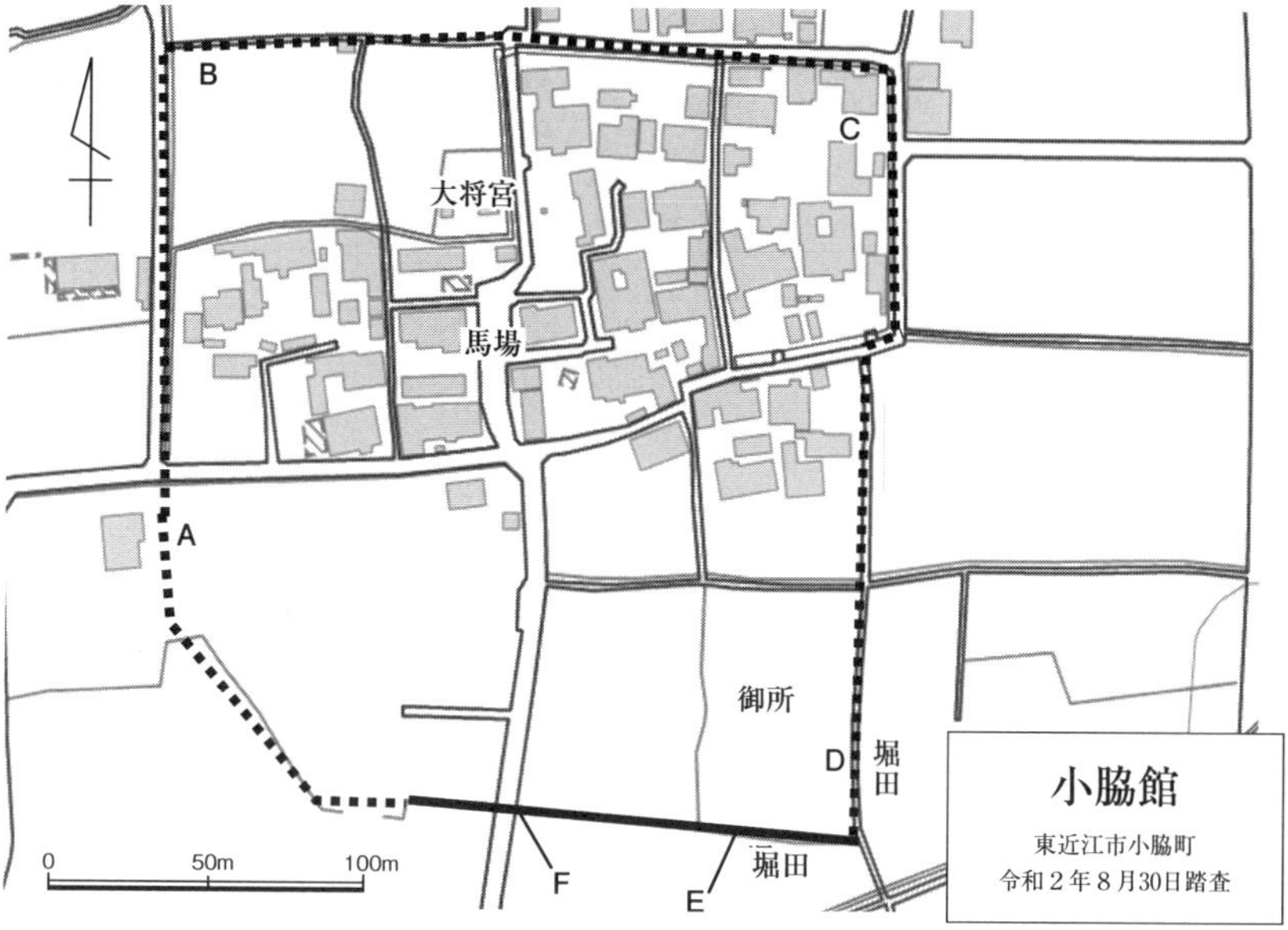

小脇館跡周辺図（作図：髙田　徹）

発掘調査では東側の堀が狭くなっていたことが明らかになった。東側の堀は地割から考えると、途中で折りを付けているように見える。南西部は水路の存在から鈍角に折れていたように考えられている。これが後世の改変なのか、当時の姿を伝えるものか、現段階では不明である。

居館（平地城館）は、平地にあるから必ずしも綺麗な方形のものばかりであったわけではない。小脇館も実は方形を基調としつつも、部分ごとに状態が異なっていたのかもしれない。

不明な点が多い城館ではあるが、それだけに往時の姿の解明が一層駆り立てられる。全国的にも規模の大きな鎌倉期に遡る平地城館となると、実態がはっきりしないのである。

なお小脇館の北方、標高三七三ｍの山上には小脇城があり、曲輪や石垣が残されている。また北東には太郎坊宮が鎮座する。小脇館は箕作山から派生した小脇城や太郎坊宮の尾根に南側を除く三方を囲い込まれている。尾根に囲い込まれることを意識し、この地に築かれたと考えられる。

18 鯰江城《なまずえじょう》

所在地 東近江市鯰江町
築城時期 戦国期？
主な遺構 土塁・堀

鯰江城は、時期は不詳ながら森氏によって築かれたとされる。現在の鯰江集落は、近世以前は森村と呼ばれていた。その後、城主は六角氏に仕えた鯰江貞景となる。「六角氏歴記」なる史料には、永禄九年（一五六六）に大木巨石を集めて築城にかかり、翌年に完成したとある。そして六角義治が入城したという。

一方、『信長公記』には「鯰江の城」が登場する。織田信長は元亀元年（一五七〇）の越前朝倉氏攻めのために越前へ出兵した際、浅井長政の蜂起によりほうほうの体で窮地を脱して京へ戻った。この後、浅井長政は鯰江城に軍勢を入れ、さらに市原郷（東近江市。鯰江城から愛知川を隔てた南東方向）で一揆を起こしている。信長が八風《はっぷう》街道を経由して岐阜城（岐阜市）へ戻ることを阻止し、信長の領国を分断することを意図した浅井方による軍事行動であった。

元亀四年になると、六角義賢は近隣の百済寺《ひゃくさいじ》による支援を受けつつ、鯰江城に入った。信長は佐久間信盛、蒲生賢秀、丹羽長秀、柴田勝家に命じて四方に付城を設け、六角方の動きを封じ込めた。同年八月になって朝倉義景、続いて浅井長政を滅ぼした信長は九月四日に近江に出陣し、柴田勝家に鯰江城攻略を命じる。包囲戦が開始されるや、六角義賢は降伏して退城した。

城跡は、鯰江城の集落・耕地とほぼ重なる形で存在し、かつては集落の内外に土塁を断片的に残していたが、今はごく一部に残るに過ぎない。城跡の全体像はしばしば『近江愛智郡志』巻二所収の「鯰江城阯図」（以下、城阯図と呼ぶ）によって語られてきた。ただし、現在最も古い地図資料となる明治六年作成の地籍図中では、城阯図の描写を比定できる箇所が限定される。地籍図本来の役割・精度も考慮すべきながら、明治六年段階でも城館の

専修院裏の土塁（北西側から）

改変はかなり進んでいたようだ。『近江愛智郡志』は昭和四年に刊行され、城阯図はそれ以前に作成されたとみられるが（他に明治四十年作成の「鯰江古城趾略図」等がある）、明治六年を遡ることはあるまい。すると、城阯図等は当時残っていた断片的な遺構を、復元的指向性をもって作成したと考えられる。実際、後述する虎口Bは城阯図では描かれていないのである。城阯図は参考にすべきところもあるが、すべて鵜呑みにすることはでき

鯰江城へのアクセス

近江線八日市駅から4.9㎞。八日市ICから2.5㎞、車で5分。

下水処理場内に移築復元された排水施設

ない。

幸い過去に城跡では、十次にわたる発掘調査が行われている。これらの成果と実際に残る遺構、地形をベースに、城阯図も参照しながら実態に迫っていくしかない。

集落内部は概して北側から南側に向かって低くなる。こうした中でI付近は微高地となっており、南側には東西に伸びた段差が明瞭である。城阯図は付近を「本丸」とする。主郭にふさわしい位置・広がりだが、四隅に櫓台を設ける城阯図の如き造りであったとは考えにくい。

Iの南東、段丘端部にはL字形の土塁Aが残る。土塁Aの北側、Bでは発掘調査により石垣を伴う虎口であったことが明らかになった。Bの北側にはかつて土塁が存在し、Bの東側が内側となる曲輪が存在したと考えられる。

専修院の北側には土塁Cが築山状になって残っている。Cの北側では発掘調査により、堀跡と考えられる落ち込みが確認されている。

Dには土塁の残欠がある。土塁の断面構造は、発掘調査によって明らかにされている。以前は、Dの西側にも高さ二・五mの土塁が存在したが失われてしまった。

Eは下水処理場となるが、構内に発掘調査で見つかっ

Aの土塁と石垣（平成29年撮影）

た土塁下をくぐる石組暗渠が移築復元されている。この場所には堀・土塁で囲まれた区画が存在し、鯰江氏の居館期、六角氏による改修期の二時期にわたる遺構が確認されている。

Ｆ・Ｇでは、発掘調査により外堀と考えられる堀跡が見つかっている。Ｈでは折れ曲がる土塁の基底部が見つかり、内側には石を積んだ状態、土塁上に上がる石組階段遺構が確認された。

これらの発掘調査で見つかった堀跡の各地点に立てば、堀跡と考えられる道・地割、わずかな段差が集落内のあちこちに残っていることに気がつく。

「大手」はＤ南側、あるいはＥの東側等と言われるが、城阯図ではＪ付近に「大手」と記す。Ｊから北上すると百済寺に至ること、現状から知られる縄張りから考えるに「大手」としてふさわしい場所と考えられる。

なお城阯図は、鯰江城西方に三カ所の遠見櫓を記す。これを鯰江城を包囲する付城にあてる説もある。現存しないため、はっきりしたことは言えないが鯰江城を守る出城であった可能性もあるだろう。

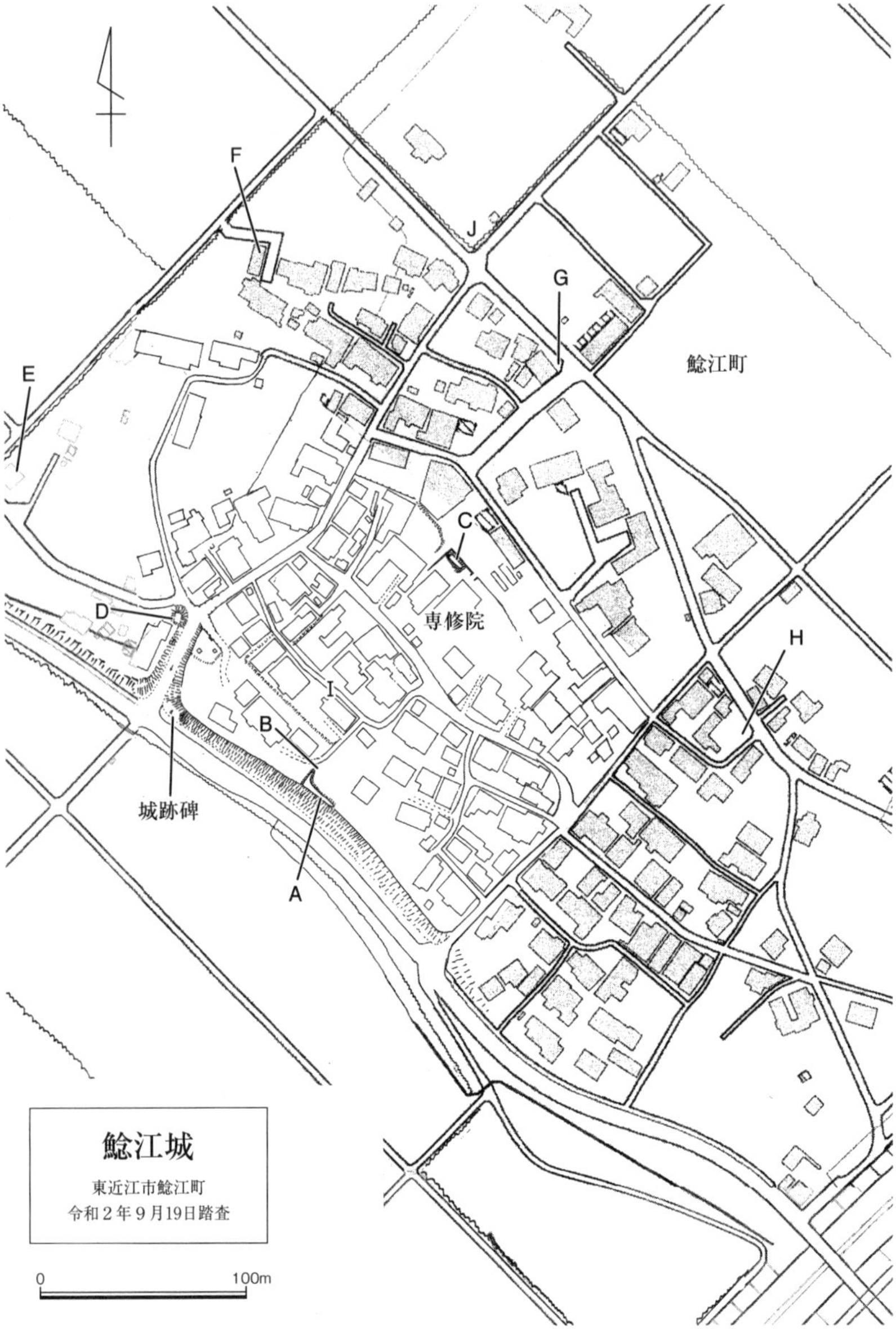

鯰江城跡縄張図（作図：髙田　徹）

コラム

平地城館の調べ方 ――歩き方編

平地城館を訪ねる前には、なるだけ史・資料には目を通しておきたい。現地に着けば、堀・土塁が残っていたのならば、まずはその傍らに立ってみよう。それらの堀・土塁がどの方向に伸びていたか、どの範囲を囲っていたか、高さ・深さ・幅に変化があるかどうかに着目し、考えを巡らしてみよう。

次に遺構が残る周囲、城跡が広がりそうな範囲とその周辺をできうる限り徘徊したい。自らの足で歩き、様々なものを目にすることで感得するものは必ずやあるはずだ。地形や地割の微妙な変化や特徴的な状態に気づくこともある。それが城館構造に結びつくこともあるに違いない。

ほとんどの城館は、単独で成立するものではなかった。周囲には虎口に通じる道、城主が崇拝した寺院・神社、被官層らの屋敷地等が存在していたのが普通である。勧農の観点から、水路との関わりは密なものとなる。水路がどの方向から流れ、どこへ向かって流れていくか、城館跡とどのように関係しているかも着目点となる。路傍の墓石や石塔も城館・城主に関わる可能性がある。

城跡を示す石碑にも歴史がある。どうしても表側のみ目が向きがちだが、裏側に回って何時誰によって建てられたものなのか、どのような文章が刻されたかを読み取るのも味わいどころである。

繰り返しになるが、平地城館を歩いていると地域の方々にお会いする機会が多くなる。道端で会えば挨拶のついでに、城跡について知っていることはないか尋ねてみよう。「何も知らない」と言われることもあるが、土地土地の言い伝え、古い地名、かつての城跡様子を教えて頂けることがある。さらに城跡に詳しい方を紹介していただける場合もある。

ただし､ちょっと気になることもある。いくつかの城跡を訪ねた際、「ここが虎口です」とか「これが土塁」と教えられる場面があった。ずいぶんお詳しいと感じたが、よくよく考えると滋賀県では分布調査が行われた際、さかんに地元向けの報告会を行っている。また土地柄、歴史に興味を持っている人が多い。昔から語り継がれてきたことではなく、どこかで得た知識に基づき遺構や伝承等を語っている状況も予測できる。こんな場合は、もう少し詳しく話を聞いた上で、出所等について確認してみるのが良いかもしれない。いずれにしても地元の方とのコミュニケーションは積極的に取りたいものだ。

19 高野館《たかのやかた》

所在地　東近江市永源寺高野町
築城時期　十六世紀末以降？
主な遺構　土塁・堀・石垣

蛇行する愛知《えち》川によって北側を除く三方を囲い込まれた、段丘端部に高野館はある。歴史や城主は伝わらない。

中世、この地は六角・京極氏に仕えた小倉氏が支配していた。元亀元年（一五七〇）、京から居城である岐阜城に戻ろうとした織田信長は、千草越えを利用して帰国に成功する。この際に小倉右京亮が手助けしたが、六角氏の怒りを買って自害させられた。右京亮の妻であったお鍋は、やがて信長の側室となった。天正十年（一五八二）の本能寺の変後、お鍋は羽柴秀吉の妻・北政所に仕え、お鍋の子で信長八男の織田信吉と共に高野で暮らした。しかし、信吉は慶長五年（一六〇〇）の関ケ原の合戦で西軍に属し、戦後所領を没収されたという。

高野館は発掘調査成果を踏まえて、豊臣期においてお鍋と信吉に関わる城館であった推定されている。ただ別に「お鍋屋敷」「城屋敷」と呼ばれる場所が、高野館の北方、高野神社近くに別途存在していた。これらとの関わりをどう理解するかが課題となる。また城館としてみた場合、理解しづらい遺構、構造もある。

城館跡は現在、石垣・土塁・堀が残っている。曲輪内部は圃場整備に先立ち、平成十八・十九年度に発掘調査され、多くの知見が得られている。調査後、曲輪面には土盛りがなされ、出土した石垣の一部は埋没させた模様である。現状で確認できる遺構も発掘調査後、保護・整備の観点から当初の状態を保っていない箇所がある。

元の状態、発掘調査以前の状態を知ろうとすれば、発掘調査報告書に目を通し、内容を精査するのが望ましい。ただ高野館の発掘調査報告書（東近江市二〇一〇）の記述は、かなりわかりづらいことを断っておく。

発掘調査前からAには高さ約一・三m、幅約九mの土塁が残っていた。またBの石垣は積み替えられたところもあるが、高さ約二・九mを有し、長さが一・五mにおよぶ石も含めて積んでいる。このことからIを中心とした単郭方形の城館構造が推定されていた。ところがIの東側にあった石垣（近代に積まれたと考えらえる）の背面側から、折りを伴う高さ約二mの石垣（C。図中に点線でおよその位置・ラインを示す）が見つかっている。このことから上段のⅡ、下段のIから少なくとも構成されていたことが明らかになった。Ⅱの方が高い位置にあから、上位の曲輪であったとみなすことができる。Ⅱの南北の広がりは、およそIに等しいとみられるが、東西の広がり（東限）は不明である。I・Ⅱ以外に曲輪があったかどうかもわからない。

Cの石垣を、今は目にすることができない。その位置は、調査後に積まれた新しい石垣の東側となる。Cの石垣中央、Dにはスロープが見つかっている。スロープの裾部には石段が二段残っていた。スロープ上部がⅡ郭の虎口となり、門の存在が考えられる。スロープ北側の石

下段（I）の石垣（西側から）

高野館へのアクセス
八日市ICから10.6㎞、車で16分。紅葉橋を渡り、高野神社鳥居を直進、永源寺桑の里横の農道を直進。

垣は、十六世紀末以降に作られた信楽焼の擂鉢を噛ませて積んでいた。そのため石垣は、十六世紀末以降に積まれたと考えられる。

スロープの南北の石垣は、外側（西側）に向かって折れ曲がる。横矢掛かりを思わせるが、それにしては三mほどの折りしかない。六～九mの幅を有するスロープに対する横矢掛かりとしては、いささか不釣り合いのようにもみえる。スロープ南側の折れた付近からは、瓦質の磚がまとまって出土している。磚は床に敷いたり、蔵の周囲に並べたりした。近畿地方の城館では、しばしば出土する。

北側から見たＩ郭のＥ虎口

Ｉの曲輪面は、発掘調査後に盛土がなされているようである。そのため石垣Ｂの天端と曲輪面との間に高低差があるが、本来の姿ではない。およそ石垣Ｂの天端が、往時の曲輪面の高さに近いとみられる。曲輪内部は後世に畑となるにおよび、改変された部分が多いようだ。そのため、遺構としては埋甕遺構、石組井戸くらいしか見出されていない。

Ｅは枡形状の虎口跡である。これも発掘調査後、埋め戻されてしまっている。北側から直進した後、左（東）に折れ、Ｉ郭内へ至るものであった。一部ながら石段も見つかっている。

土塁Ａの東側は農道の手前で終わっているが、発掘調査では石垣Ｃの南端ＦにＡとつながっていたとみられる土塁が見つかっている。土塁Ａの南側からは、幅二～五ｍ前後の堀が東西方向に伸びていることが確認された。堀としてはやや狭く、強い防御性を有したとは考えにくい。石垣Ｂは大きな自然石を用い、豊臣期らしさを伝える造りとなっている。今も目にすることができる石垣だが、裾部には地盤を強化する低い石垣が積まれていた。低い石垣の方は埋め戻され、現在は見ることができない。

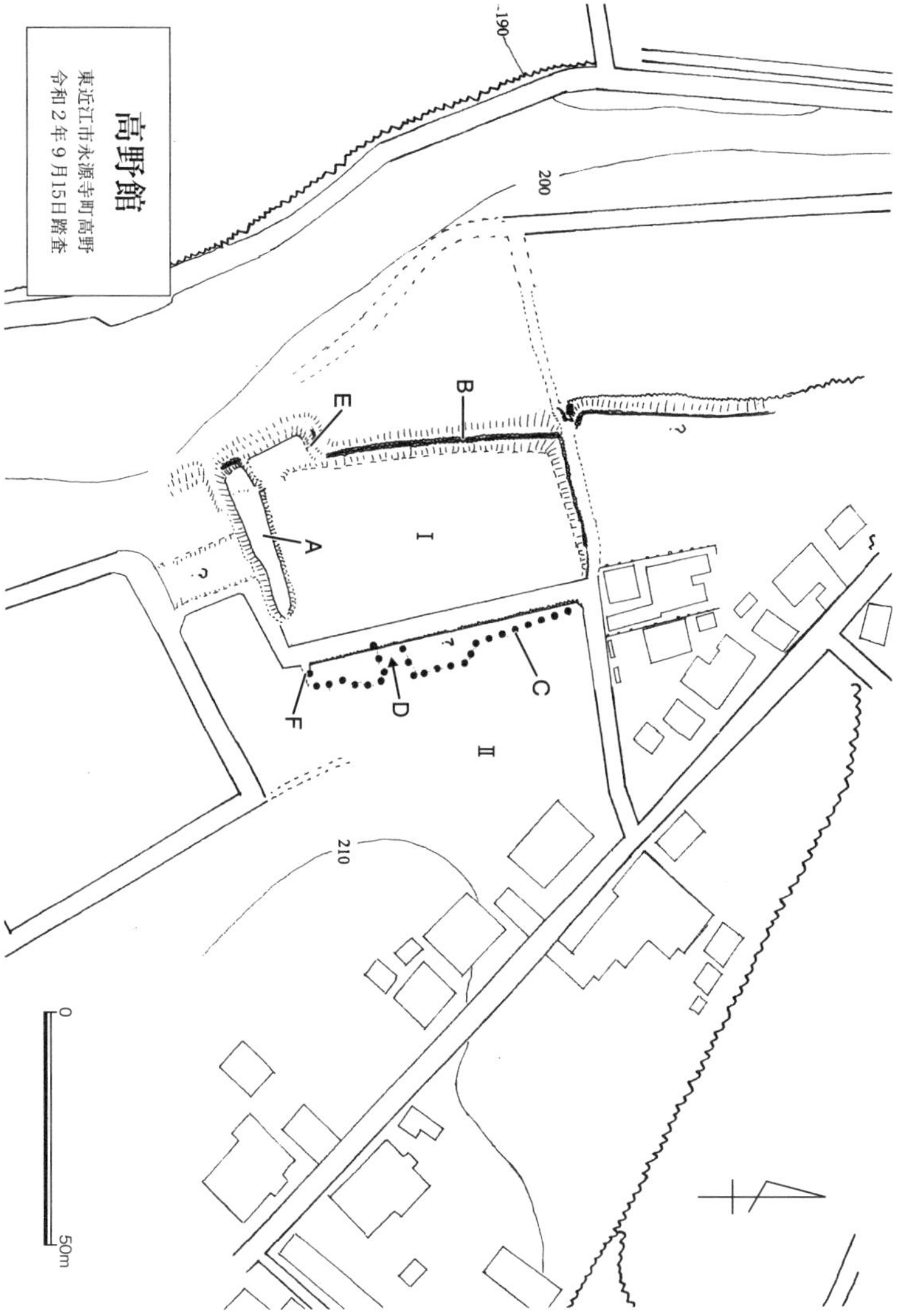

高野館跡縄張図（作図：髙田　徹）

20 後藤氏館《ごとうしやかた》

滋賀県指定史跡（昭和五十八年）

所在地 東近江市中羽田町
築城時期 十三世紀初頭以降
主な遺構 土塁・堀・石垣

後藤氏館は、近江守護六角氏の重臣であった後藤但馬守家の城館とされる。永禄六年（一五六三）後藤賢豊・壱岐守父子は、六角義治によって観音寺城中で殺害された。これにより六角家中は分裂し、六角義賢・義治は観音寺城を一時退去するほどとなっている（観音寺騒動）。後藤氏家督は賢豊次男の高治が継ぎ、後に織田信長、次いで蒲生氏郷に仕えた。

城館跡には北側と東側の土塁・堀が残っているが、北側の堀と土塁は正方位に伸びていない。北側を通る古道（現・市道女坂線）に影響を受けたためと考えられている。そのため全体は、台形状を呈する。土塁は高さ約三m、下幅一五m前後、上幅七m前後の巨大なものである。二カ所で低くなった部分があるが、後世に削り取られたものであろう。土塁の外側には幅七m前後、深さ一m前後の堀がめぐる。今は失われているが、以前は東側の堀の外縁には土塁状に高まっていた。土塁も堀も史跡の整備時に修景されたところがある。

Aには石垣を伴う虎口がある。元は南北に土塁があり、土塁の外側に堀が巡らされていたはずであるが、土塁は崩され、堀は埋められている。このため、虎口周りの石垣のみが単独で残されているのである。以前は稲荷神社が祀られていた。

虎口周囲は昭和五十九年に発掘調査された（八日市市教育委員会一九八六）。その結果、①現状よりも約一・六m低い位置に根石が据えられており、石垣全体としては四・六mの高さがあった。②背面に粘土・黒色土を交互に積み上げながら、一石ずつ積み上げている。③石垣の裾部は勾配を有し栗石が詰められているが、上部は垂直状に積まれている。④湖東流紋岩、花崗岩を用いている。⑤礎石は確認されなかったが、敷石が見つかっている。

⑥堀に面した部分からは橋脚台ではないかと考えられる段、堀への降り口とみられる石段が見つかっている。⑦十三世紀初頭以降に築かれている、等の点が明らかになった。

礎石は早くに撤去されてしまったのだろう。根石を地中深くに据えていることから、石垣にも重量が掛かる櫓門の存在を考えることができよう。橋台からは木橋が掛かっていたとみられるが、脇に石段が存在したとすると、橋の幅は狭くなる。橋の掛かり方については、検討の余地がある。

虎口の石垣（北西側から）

なお現在の虎口石垣の上部には、削岩機で穴を開けて割った石がいくつかある。発掘調査後の整備過程で新たに積まれた石を含んでおり、注意が必要である。

『近江蒲生郡志』によれば、大正期に周囲の堀・土塁がほぼ完存していた模様である。北東隅の堀からは水がわき出して「後藤濠」と呼ばれ、周囲の水田を潤していた。堀は、北西隅で水路とつながっていたようである。明治以前は除地となり、村落によって維持されていた。

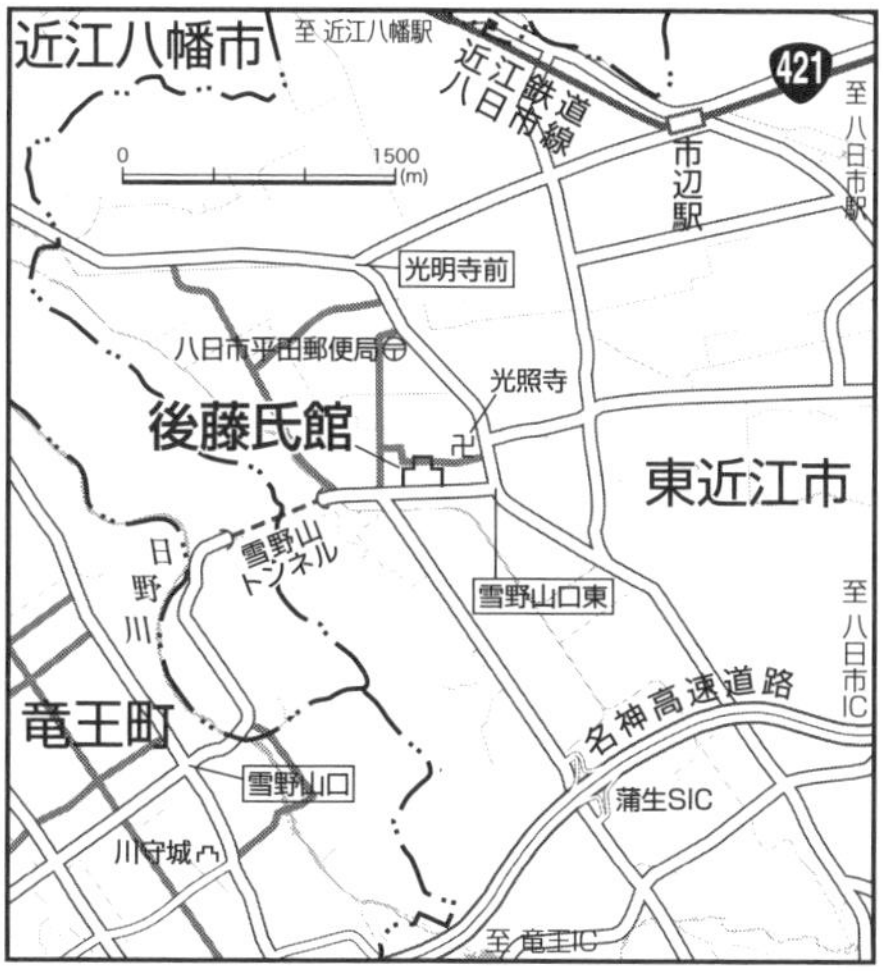

後藤氏館へのアクセス
近江線市辺駅から3.3㎞。蒲生SICから2.1㎞、車で3分。

昭和二十二年の空中写真で見ると、すでに現存する土塁しか認められない。他の部分は明治初頭以降、耕地として開墾されたとみられる。

曲輪内部は、現在水田となっているが、昭和五十六年に発掘調査が行われている。井戸・柵列・掘立柱建物がみつかっているが、中心的な建物跡は見つかっていない。調査範囲外にあるか、耕地化にともない失われている可能性もある。また城館が築かれる以前の平安～鎌倉初期の建物・溝も見つかっている。南側では幅約六m、深さ約一・六mの堀が、西側では幅約一〇・五m、深さ一・一mの堀が検出されている。ただし南西隅では堀幅が広がっていたようだ。

南堀の外側には、堀に平行する溝が二本見つかっている。北側の溝と堀の間は、東側に存在した外縁部の土塁であった可能性がある。同様の溝が東側にもあったのかもしれない。南堀の外側には、遺構・遺物を通じて館に伴う工房の存在が指摘されている。

これらに対し失われた部分、改変された部分がある。内部には石垣に対応するような礎石建物が本来は存在していたのではないだろうか。平地部にあって規模の大きな土塁・堀を備え、虎口周りに限られるとはいえ石垣を有した構造は、六角氏重臣の後藤氏にふさわしい。石垣については、観音寺城との関りからも検討すべき対象と言える。わずかながら軒瓦が出土している点も、注意される。相応の建物が存在したことであろう。

東側の堀と雪野山（北東側から）

なお城館南側の雪野山山頂には、未盗掘であった雪野山古墳がある。発掘調査の結果、古墳を利用した城館の存在が確認されており、後藤氏館の詰城であった可能性が指摘されている。

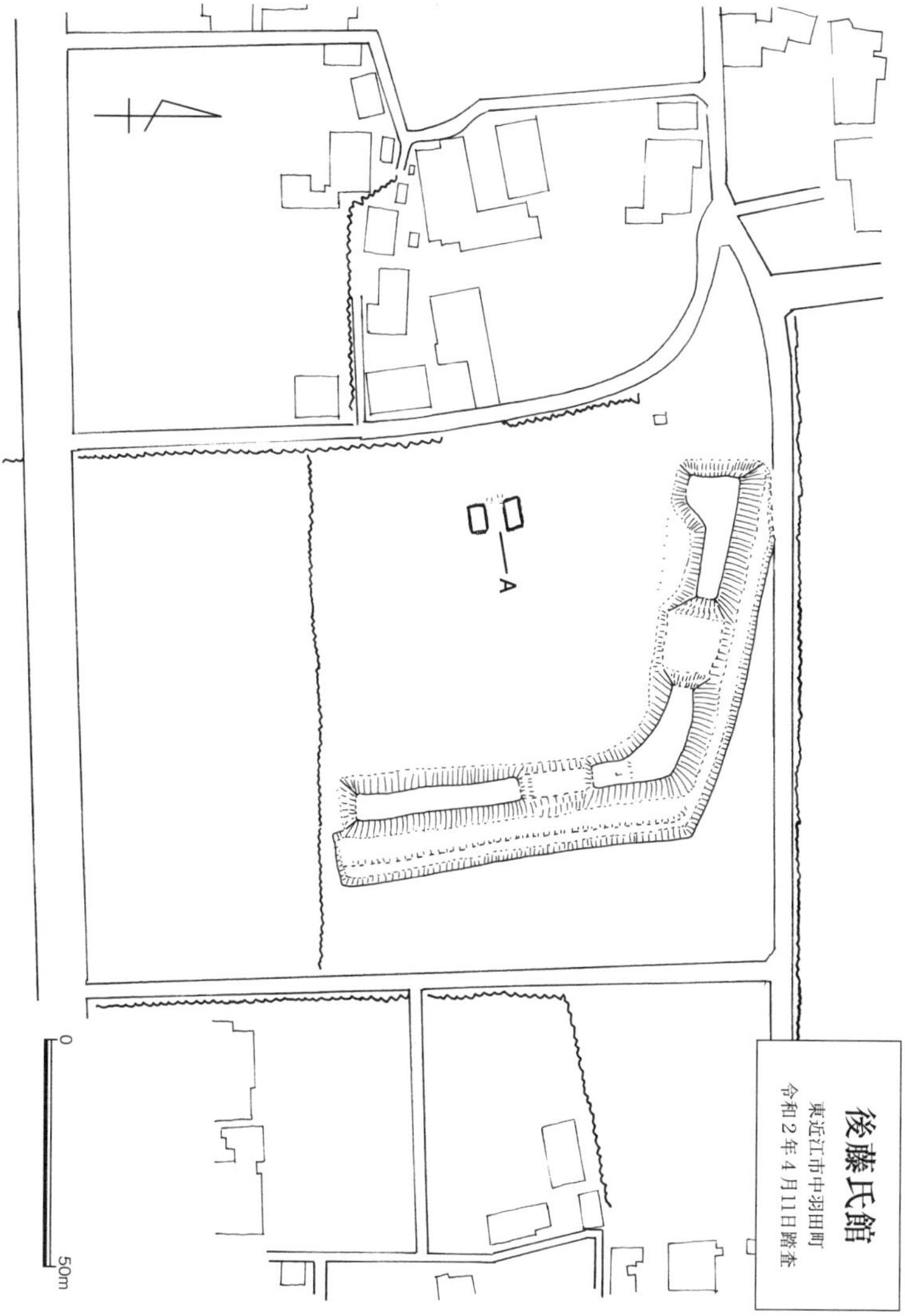

後藤氏館跡縄張図（作図：髙田　徹）

21 川守城《かわもりじょう》

所在地　蒲生郡竜王町川守
築城時期　戦国期？
主な遺構　土塁・堀跡

川守城は、吉田出雲守が城主であったと伝わる。かつて井戸もあったというが、今は失われている。

川守集落は、古墳で著名な雪野山の南西側に位置する。川守町の中央を日野川が西流するが、左岸側に川守城がある。県道小口川守線に面して立派な「川守城跡」碑が建っている。昭和四十六年に竜王町が建てたものである。石碑横には、「城の八まん宮」と刻した石柱があり、その奥に八幡神社の祠が建っている。石碑から祠が建つあたりまでは、周囲よりも約一・五m高くなった土塁である(A)。土塁の上幅は約四mあるが、現在は長さ二〇mほどしかない。本来存在した土塁のごく一部が残るに過ぎないのは、明らかである。

このような場合、現在残るわずかな土塁が元はどのように伸び、どの範囲を囲っていたかを考えてみる必要がある。まずは南北に伸びた土塁の内外が東西のどちら側になるかを考えてみたい。一般的に城外に比べて城内側の方が高くなるものである。しかし、川守城では土塁をはさんだ東西でほとんど高さが変わらない。

次に考えてみるべきは、堀の痕跡が残っていないかどうかである。これも一般的な話になるが、土塁の外側には堀が設けられる向きがある。堀が残っていれば良いのだが、残っていなくても土塁際が若干低くなっていたり、土塁に平行したりする細長い水田・畑等があれば堀の痕跡と推定できる。川守城の場合、土塁の東側裾に水路が流れている。水路は幅も狭まければ、かなり浅い。それでも堀の痕跡である可能性は高いと言えよう。水路が土塁の東側にあるのだから、そちらが城外側となり、逆の西側が城内側と考えることができる。

さらに土塁の端部につながる痕跡が、前後する部分に存在するかどうかを確認してみる。土塁の南側は県道小口川守線に面していて痕跡が見出せない。これに対して土塁北側端部からは、水路に並ぶようにやや地形が高くなった状態で伸びている（B）。すると現状よりもさらに土塁は北側に伸びていた可能性が高くなる。

土塁の西側が城内にあたるならば、これは主郭の東側土塁になるのだろう。ならば、対になる主郭西側の土塁がかつて西方に存在したはずである。こうした観点から周辺を歩き回ってみたが、現状ではそれらしき痕跡が認められなかった。ただ土塁から約二〇m西側のCでは、道路が緩やかに屈曲しているのが注意される。周囲の道路は直線的な部分が多いが、Cは小さいながらも屈曲している。これだけではっきりいえないが、こうした屈曲は虎口に伴う折りを止める可能性がある。

今度は国土地理院の昭和三十六年撮影空中写真を使ってみる。土塁AからB、さらに北側のDまでは樹木が茂った一続きとなっている。当時はDまで土塁が残っていたと考えられる。さらに樹木が茂った部分はDから西

川守城の石碑と土塁（南側から）

川守城へのアクセス

蒲生SIC、または竜王ICから5㎞、車で8分。

に折れて、E・Fへと続く。D・E・Fの北側は田となっていて、これは堀跡である可能性が高い。F・Gの間には土塁の痕跡は見らないが、西側が低くなっていて、堀跡に比定できる。またHでは水路が屈折し（現在も屈折するがそれ以上にはっきり折れている）、東側のI付近には堀跡を思わせる細い地割がある。

Bと堀の痕跡と見られる水路（南側から）

　空中写真から考えるに土塁AとB～Iの範囲に城館としての区画が見いだせる。約七〇m四方の規模が推定できる。

　ここで明治六年作成の地籍図（『滋賀県中世城郭分布調査4』所収）を見てみよう。古い地籍図の地割は、堀・土塁の痕跡を伝えている場合が多い。細長い田は堀、細長い藪・荒地等は土塁といった具合である。

　川守城の地籍図を見てみると、C部分の東西にはやや食い違う形で「荒地」がある。東側の「荒地」はBに繋がってL字状となる。このことから「荒地」は土塁であり、通路を中央に挟むことからCは虎口跡ではないかと考えられる。「荒地」はやや食い違っているため道が屈折していたのであり、食い違い虎口が想定できる。

　ただし、地籍図にはなぜか肝心の土塁Aに相当する地割が見いだせない。この点はさらなる検討が必要となる。

　ところでJ・K・Lを結んだ部分には明治期に水路が流れていた。現在も暗渠となって残っているところがある。この水路はA～Gの区画をきれいに囲い込んでおり、外郭と考える余地がある。実際、『滋賀県中世城郭分布調査4』ではこの範囲を城域とする。

　このように不確定要素を残すものの、わずかに残った遺構や地割、空中写真、地籍図を活用することで城館構造が推定できる。こうした観点を踏まえて、改めて川守城跡を見て回ると、ずいぶんとイメージも違ったものになるのではないか。

川守城跡縄張図（作図：髙田　徹）

22 上南城《かみなじょう》

所在地　東近江市上南町
築城時期　戦国期？
主な遺構　曲輪

上南集落の北側にある城跡は、「城山」「学校畑」と呼ばれる。明治三十四年に小学校が置かれたことから、学校畑と呼ばれるのである。以前は、中央あたりに稲荷社も祀られていた。

城主は安部井氏と伝わり、最初は六角氏、後に蒲生氏に仕えたという。城跡の東方に位置する誓安寺（東近江市合戸町）の天文十四年（一五四五）「道場掟」には城主を「右衛門大夫長弘」、後に安部井「因幡守秀家」であったとする。城跡の北側の八幡神社は明応二年（一四九三）に安部井因幡守綱重が再建したという。

城跡は、約七〇m四方の方形を呈する畑地となっている（以下、I郭と称する）。南側の集落（Ⅲ）側と比高差はないが、他の三方は水田から一・五～二mの比高差がある。北・西・東裾には水路があって堀跡を思わせるが、圃場整備後に設けられたものであり、新しい。

明治六年作成の地籍図を参照すると、I郭は中央部を除く周縁部が「林」となっている。「林」の幅は広いが、この中に土塁があったのだろう。注意されるのは南東隅が集落側に張り出している点である。I郭は字「卜仙」であるのに対し、すぐ南の集落は字「北出」である。そして隣り合うにも関わらず、直接行き来できる道がない。I郭へ至る道は、東側の水田を渡ってAに至るものしかなかったようである。この他にも地籍図からは、Bの西側には「荒地」がわずかに突き出していたこと、Cには「井」とあって井戸あるいは井堰等が存在したこと、現在も残る水路D～E～F～G～Hの内（城）側に細長い「林」があり土塁を想起させることが指摘できる。

次に昭和三十六年撮影の空中写真を見ると、この時点でも一帯の地割は明治六年の地籍図作成以降、大きな変化がなかったことがわかる。I郭のほとんどは畑地となっているが、集落と接する部分は樹木が茂り、南東隅では現在宅地となる部分まで張り出したようになっている。また水路D~E~F~G~Hの内側には樹木が点々と植わった様子が認められるけれども、その幅は狭い。さらに広く周囲に目を向けると、細長く樹木が植えられた地割を随所に認めることができる。

I南西隅から東側を見る

地籍図・空中写真を通じて、I郭は北西部に小さな張り出しを持ち、南東部には大きな張り出しを持っていたことが推定される。南東部の張り出しが横矢掛かりであったとすれば、虎口はその西側に求めるべきであろう。J付近が候補となる。Aにも虎口があったかもしれないが、比高差のない集落側と直結していない。また、低くなった東側に主たる虎口があったとは考えにくい。また北側から東側にかけてI郭を大きく囲い込む水路と「林」の地割が見られた。これらは折りを伴っており、外堀であった可能性はある。しかし、似たような地割が周辺にも存在するので、外堀と評価するのは慎重であらねばならない。

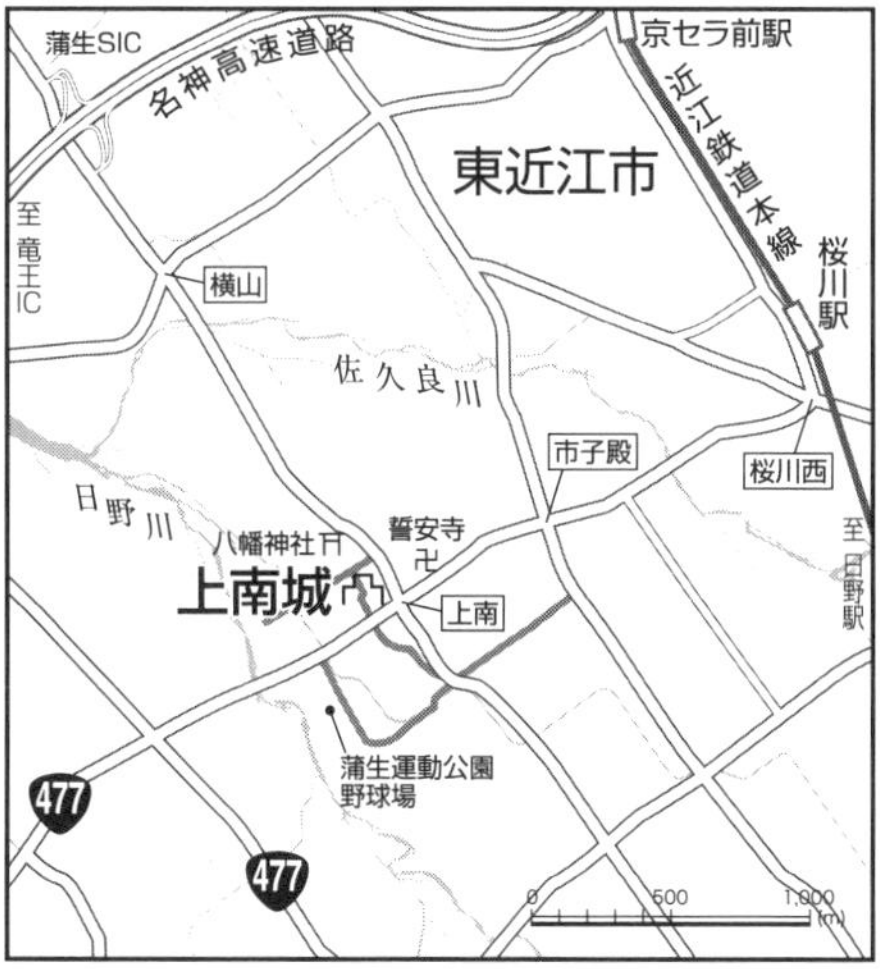

上南城へのアクセス
近江線桜川駅から1.9㎞。蒲生SICから2.3㎞、車で4分。

西側から見たⅠ郭

Ⅰ郭の周囲は、圃場整備に伴い昭和五十九年度に発掘調査されている。調査箇所は六カ所を数えるが、東側のKでは全面に土が堆積しており、堀幅が確認できなかった。堀がかなり広かったたか、堀が不明瞭な状態になってしまっていたかのいずれかであろう。北東側のLでは幅約五m、深さ約一・五m、同じくMでは幅約八m、深さ約一・五mの堀跡が検出されている。Mの堀外では、複数の土坑が見つかり、十五世紀後半代の美濃・瀬戸系の小皿等が出土している。Cでは堀から北側に伸びる水路・暗渠・水門施設が見つかっている。地籍図の「井」との関係が想定される。N・Oでは幅約五m、深さ約一・五mの堀が見つかっている。このうちNでは十三世紀代の瓦器《がき》を含む包含層を切り込んで堀が設けられており、OではⅠ郭側に二〇～四〇㎝の護岸用石材が崩れた状態で見つかった。

これらの点を通じて①堀は幅五～八mであったこと、②堀の水は北西端から北側に向かって排水されていたこと、③十五世紀後半代に築かれたこと、④複数の土坑が見つかったⅡは家臣屋敷が推定される、等が指摘されている(滋賀県教育委員会一九八六)(蒲生町二〇〇〇)。

もっともⅠ郭内部は未調査であり、地中にどれほどの遺構を止めているかは不明である。関連性が強いのは疑いないが、堀外にあるⅡ等と同時期に機能していたのか、最終段階ではどうだったのかはわからない。主要な家臣屋敷は、Ⅰ郭の南側、現在の集落のⅢと重なって設けられていたのではないか。

堀も土塁も残らない上南城だが、水田側から眺めるⅠ郭は古城らしさを止めている。

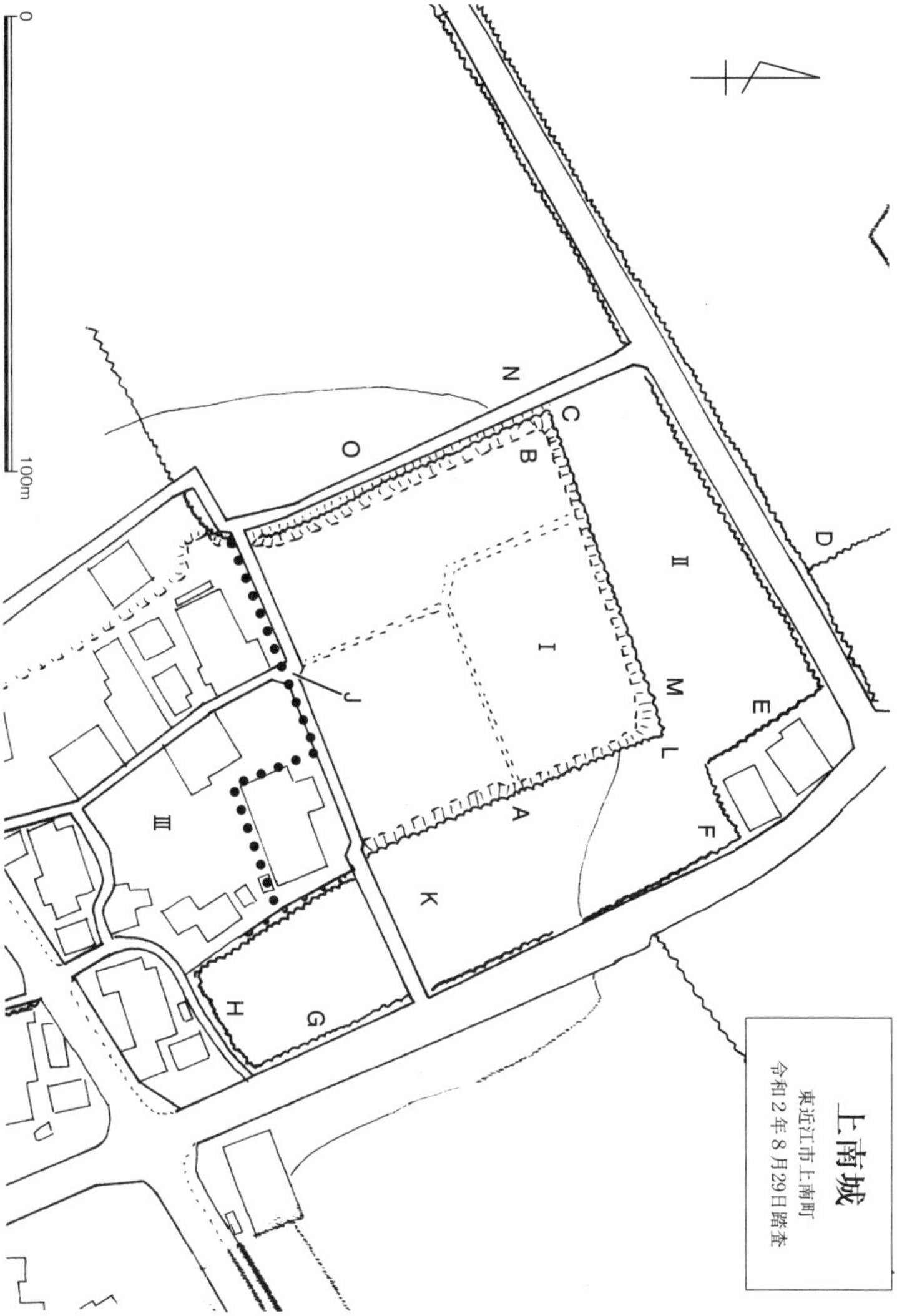

上南城跡縄張図（作図：髙田　徹）

23

中野城《なかのじょう》

中野城の築かれた時期は諸説あるが、大永二年（一五二二）以降と考えられている。音羽城（日野町）を居城としていた有力国人であった蒲生氏は、守護六角氏による攻撃を受け、降伏後に音羽城を破却されている。替わって新たな居城として築かれたのが中野城と考えられている。蒲生氏は六角氏、次いで織田信長に仕えながら、中野城を居城とした。当時は「日野蒲生館」とも呼ばれていたようである。天正十年（一五八二）の本能寺の変後、安土城を守っていた蒲生賢秀は織田信長の妻子を中野城へ避難させている。天正十二年に蒲生氏郷が転封された後の状況は不明だが、慶長九年（一六〇四）に城内や城下町の建物が取り壊されたとされる。元和六年（一六二〇）になると、幕府から市橋長政は蒲生・野洲郡等で二万石を与えられた。仁正寺《にしょうじ》（幕末に西大路と改称）藩の成立である。仁正寺藩庁は中野城主郭北東のⅤに置かれ、主郭にも藩庁施設が置かれた。

所在地　蒲生郡日野町西大路
築城時期　大永三年（一五二三）
主な遺構　土塁・堀・土橋（西大路陣屋の遺構か？）

中野城は現在土塁・堀を残しているが、昭和四十一年に完成した日野川ダムにより南端部は水没した。また宅地や茶畑等によって改変・破壊された部分もある。現状遺構のみでは遺構のつながり、全体像はなかなかわからない。しかし幸いなことに『近江日野町志』巻上には大正六年に作成された「中野城趾図」（以下、趾図と呼ぶ）が収録されている。趾図は、縮尺は１５００分の１、等高線は六尺（約一・八ｍ）間隔で遺構を精密に表現する。また土手（土塁）は茶色、曲輪・平坦面は黄色、堀は水色といった具合に着色しており、とても見やすい。加えて、測量時に失われた遺構を復元的に表記するところがない。そのため個々の遺構の評価が難しい部分もあるが、かえって趾図が客観的な態度で作成されていることを窺わせる。せいぜい「土手跡」「堀跡」と文字を書き込む程度である。この他、俗称や井戸等も記しており、情報量は極めて豊富である。概して戦前に刊行された滋賀県の郡誌（志）類は内容が濃く、今もって資料としての価値は高い。城館に関する絵図・測量図・概図等を収録するものが少なくなく、参考となる。

そうした中で、最も精密である一枚が趾図であろう。城跡の測量と言うのは、現代のレーザー測量等を別にすれば単に土塁や堀の高低差を追うだけではまともな形にならない。どのような性格の遺構なのかの知識もいれば、遺構を読み取る判断力も求められる。大正初期にこれだけの図が作成されていたことに驚かされる。

Kの土橋側から土塁A・Jを見る（北側から）

趾図を参考にしつつ、現状遺構を順に見ていきたい。Aは主郭Ⅰ（本丸）の北東隅にある土塁である。上部は江戸期以来稲荷社が祀られており、小規模な曲輪を思わせるほど広い。Aの南西方向に主郭Ⅰが広がっていた。南端のBは茶畑で均されているが、段差を残している。Cは、南西隅の堀であるが、一帯は藪化が著しい。

中野城へのアクセス
近江線日野駅から5㎞。駅前に電動アシストあり。

D・Eは主郭Ⅰ北側の堀である。Dは内側にあった土塁を崩しているため、堀の形態がいびつになる。DとEの間には土橋があるが、破壊道である。主郭の虎口は、西側のFと東側のG付近にあった。F近くには「中野城趾」と刻した石碑が建っている。この他、趾図では土塁A西側の土塁が途切れたようになっているが、等高線が急(密)になっていて虎口跡かどうか不明である。

主郭Ⅰのほぼ中央部にあるHの井戸は、蒲生氏郷産湯の井戸と伝えられている。

土塁Aの東側には土塁Jがあり、涼橋《りょうきょう》神社が鎮座する。土塁Jからは、かつて南西に向かって土塁がBの段差近くまで伸びていた。この土塁と主郭Ⅰの堀にはさまれたⅡ郭は細長く、趾図では「馬場」と記される。

土塁Aと土塁Jの間から北側に向かって土橋Kがある。土橋Kから伸びる道について趾図は、古くは存在しなかったと記す。これを信じれば、土橋Kは破壊道であり、元は土塁Aと土塁Jはつながっていたことになる。

主郭Ⅰ南西にあったⅢ郭は、ダム建設により失われたところが多い。主郭Ⅰ寄りの位置は「寺屋敷」と呼ばれていたというから、持仏堂があったのかもしれない。わずかに土塁Lが残る。

Ⅳ郭は主郭の西側にあった曲輪である。畑地・竹藪となっているが、西端に土塁Mを残す。ただし土塁Mの一帯は、藪化が著しく立ち入りは困難である。

Nは民家内の池であるが、堀跡の一部である。趾図によればNから西へ伸びた堀はO・Pに伸びていたQ付近に「大手道」と記すが、趾図でも大手道と対応する大手口はすでにはっきりしなくなっている。

土塁Aから土塁Jを見る

先述のように失われた遺構は多いとはいえ、平地部にこれだけの遺構が残されているのは貴重である。何より土塁の巨大さには驚かされる。

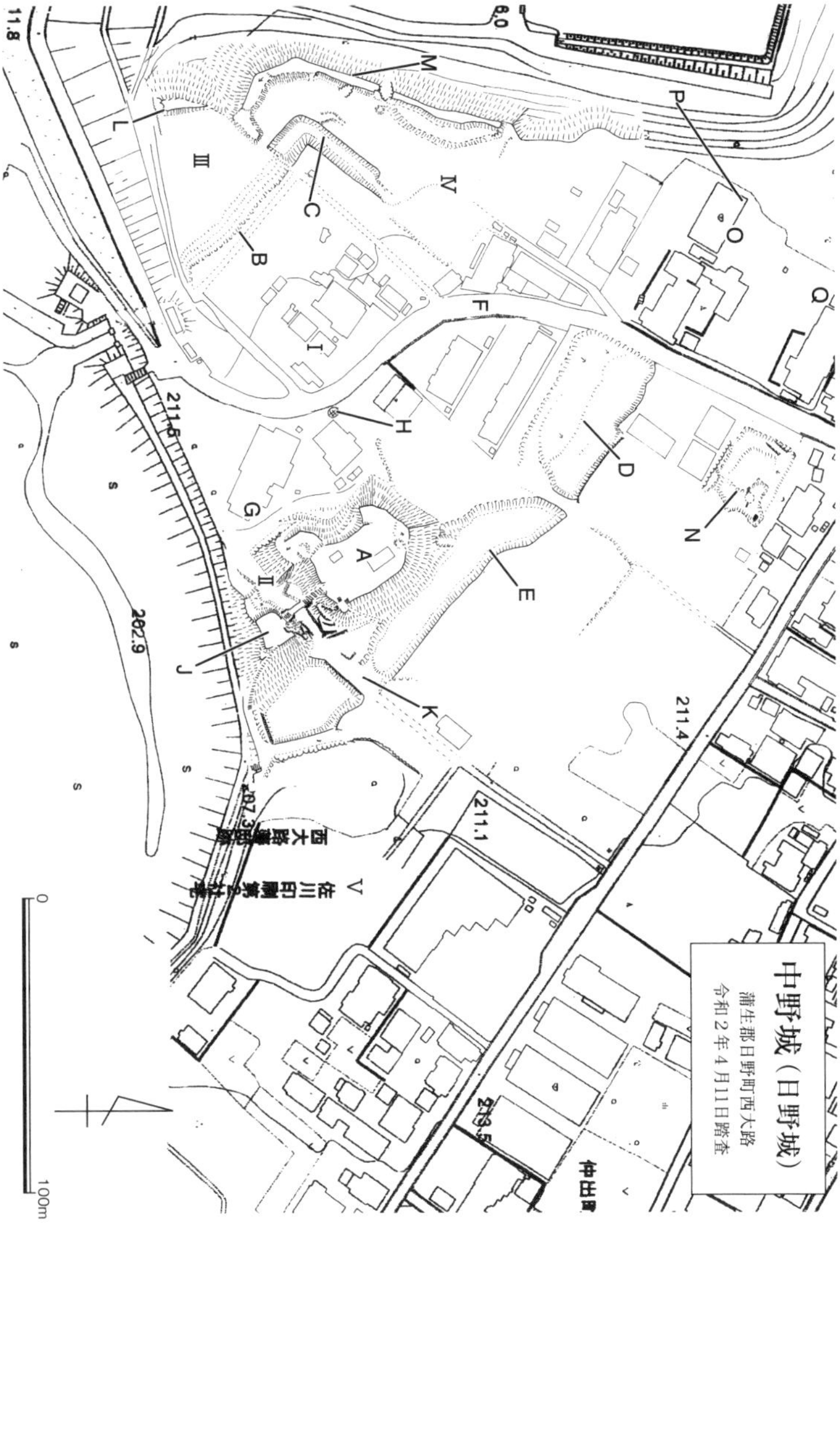

中野城（日野城）跡縄張図（作図：髙田　徹）

24 伴中山城《ばんなかやまじょう》

所在地　甲賀市水口町伴中山
築城時期　戦国期？
主な遺構　土塁・堀

伴中山城は、思《おもい》川と坊谷川の合流点を東側に見下ろす丘陵の一画にある。西側や南側には高所があり、防御上優れた場所にあるとは言い難い。高所があると内部を見下ろされてしまい、内部の状況が敵に知られてしまう。迎撃しようとしても高い場所に対して、低い場所だと圧倒的に不利になる。こうした位置に城館を築かざるを得ない場合、一つの対処方法として土塁を高く築くことが挙げられる。土塁を高く築くことで敵の侵入を防ぐとともに、内部が見下ろされることを防ぐ。すなわち土塁を設けることで遮蔽効果が期待できる。加えて土塁の上部幅を広くしておけば敵を見下ろした上で迎撃できるようになり、高い位置に立つことで心理的な優位性も確保できるようになる。ただし、この場合には土塁上の外縁に人間の半身以上を隠す塀、小土塁等が必要となる。敵からすれば、身を覆う楯的なものがない土塁上の城兵は、狙い放題になってしまうからである。

さて土塁が残されていると平地部にあっても、丘陵上にあっても、遠方から土塁（＝城館）の存在がわかりやすいものである。土塁は耕地として利用しづらいから、竹や雑木が生えていることが多い。

ところが伴中山城の場合、遠方からも言うに及ばず、かなり近づいても土塁の存在に気がつかない。城館一帯は耕地となっていて、樹木も繁ったところがない。加えてこの城館には城主も歴史も伝わらない。そのためか、近隣で城館の存在を知る人はほとんどいない。

この城館では基底部近くだけを残し、土塁上部がかなり削り取られてしまっている。曲輪内部からの高さは五〇cm前後に過ぎない。現状の基底部の幅は七～一〇m前後と、やや広めである。したがって元の土塁は、現状十二m以上の高さを有したと思われる。ちなみに南・東側の耕作地から、現状の土塁上部までの高さは、約一・五ｍを測る。

Ａは南側に開口する虎口である。虎口Ａ前面は低くなっているから、スロープで曲輪内に入るようになっている。曲輪内部もさして広くないが、虎口の幅は約三ｍとやや狭めである。

東側から見た塁線

土塁のうち、北側は他に比して幅が広い。北側は背面にあたり、高所が接近した位置となる。そのため他の三面に比べ、幅を持ち、高さのある土塁を設けていたと考えられる。

北側の土塁の外側には堀跡Ｂがある。かなり埋没しているとみられ、現状では三〇㎝前後の深さしかない。幅は約六ｍであり、土塁の規模と比べるとやや狭い。それでも土塁外側に堀を設けることによって堀底から土塁上部までの高低差は大きくなり、必然的に遮断性は強くなったはずである。

堀は、現状では北側のみ痕跡を残している。他の三面に堀は果たしてあったのだろうか。南・東側は土塁基底

伴中山城へのアクセス
近江線水口駅から4.6㎞、車で10分。

部から土塁上までの高さは、先述のように約一・五mある。この状態で仮に深さ約一mの堀を掘削していたとしよう。堀が全周していたとすれば、北側の堀の深さは一・五m＋一mであったと考えることができる。あるいは北側の堀と他の三面の堀の間には、段差を設けて深さを調整していたと考えることもできる。あるいは三面は切岸で防御し、堀はなかったと考えることもできよう。現状ではいずれが正しいかはわからない。北側の堀が狭めであることからすれば、元々北側のみ堀を設けていたのかもしれない。

堀跡Ｂ（西側から。右手が城内側）

　伴中山城は土塁上部が失われているため、かえって城域全体が見渡しやすくなっている。全体は約四〇m四方であるが、土塁を除いた内側は約三〇m四方となる。意外に狭く感じられる。地図上で見比べると、周囲にある家屋がせいぜい一、二棟建てば内部はもういっぱいであったことであろう。

　曲輪の面積に比して、土塁の幅は広めである。このことから土塁の構築にかなり力を入れていることがわかる。繰り返すように現状は、本来あった土塁の姿ではない。しかし土塁が失われた結果、曲輪の広がりが把握しやすくなっている。

　甲賀市域には、集落内の宅地と重なる形で多くの城館跡が残されている。土塁・堀を残す城館もあるが、早くに破壊されてしまった城館もある。戦後の耕地整理で失われたものもあれば、近世初頭に耕地化された貴生川遺跡（平成二十六年に甲賀市教委育委員会により発掘）もある。伴中山城の土塁が崩されたのは、いつの時期であったのだろうか。

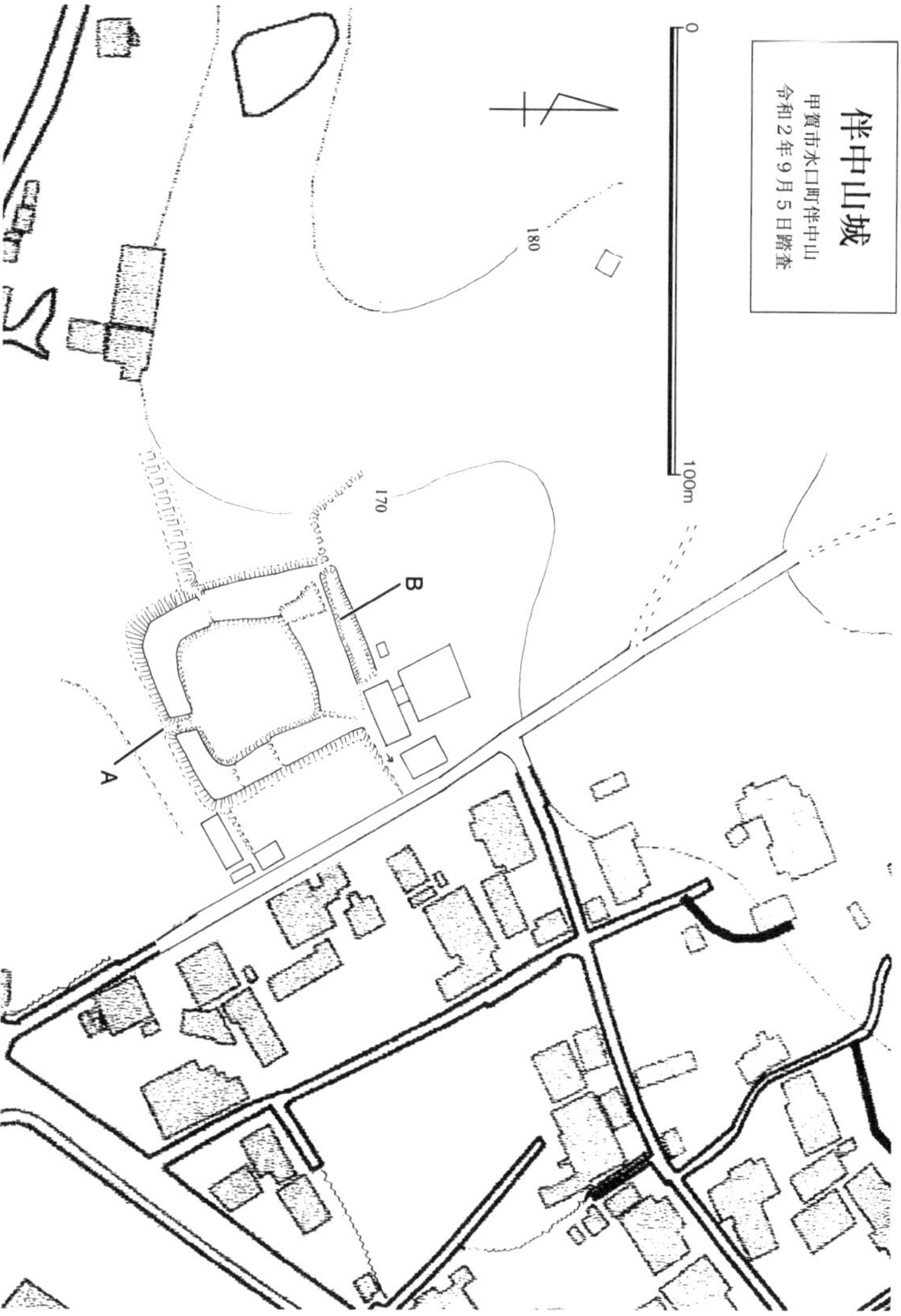

伴中山城跡縄張図（作図：髙田　徹）

25 今宿城《いまじゅくじょう》

所在地　甲賀市土山町大野
築城時期　戦国期？
主な遺構　土塁・堀

今宿城は野洲川の右岸、旧東海道と国道一号に挟まれた位置にある。旧水口町との境界に近い場所である。Ⅰ郭はホンダカーズ土山店の敷地等となっているが、Ⅱ郭の土塁とともに国道一号側から目視することが可能である。

城主や歴史は伝えられていない。国道一号を挟んだ南側は、「ホッタヤシキ」と呼ばれており、江戸期に宮川藩（長浜市）の出張陣屋があった場所と考えられている。

今宿城は、三つの曲輪から構成されている。南側にあるⅠ郭は、平成二十二年頃までは土塁が完存していたが、その後南側の土塁が失われている。失われる以前に調査された『甲賀市史』第七巻所収図によれば、A付近に虎口があった。全体は東西約三五m、南北約三〇mの規模であったことも知られる。

Ⅰ郭の土塁の内側には現在、土砂が積み上げられてしまっている。そのため、本来の曲輪面の高さが不明瞭となり、土塁との区別がしづらくなっている。改変される以前は三～七mの高さがあったようである。

Ⅰ郭東側の土塁は現状でも次第に下降し、南側へ行くほど低くなっていることがわかる。つまりⅡ郭に面した付近が最も土塁が高くなっている。西側の土塁も南側へ下降し、かろうじて積み上げられた土砂に覆われて残っている。

Ⅰ郭の北側には下幅が約二m、Ⅰ郭土塁上までの高さが約三mとなる堀Bが設けられている。堀Bは北側のⅡ郭、北東側のⅢ郭を区画する。

Ⅱ郭も高さ約三mの土塁を南側（ただし、東端は崩されて低くなっている）、西・東側に設けている。Ⅱ郭の土塁南西部Cはわずかに外側に張り出し、高さはⅠ郭の北西部の土塁とほぼ等しい。Ⅱ郭の東西にある土塁は、途切れてしまっている。それぞれさらに北側へ伸びていたのは間違いないだろうが、どのあたりまで伸び、どのあたりに北側を区画する土塁が存在したかは不明である。

Ⅱ郭内には今宿公民館が建っている。はっきりと変遷を確認したわけではないが、城館跡の一部が地域において特別な場所として意識され、公共的な場所として今に続いているのかもしれない。

Ⅲ郭の土塁D（西側から）

Ⅲ郭は、コ字形になった土塁を残している。土塁のうちD部分が最も高く、約四mの高さがある。現在、小さな祠が祀られている。Dからは北西・東に向かって土塁が下降する。北西側に伸びた土塁は、Ⅰ郭と向かい合う形になり、さらに折れたところでⅡ郭と向かい合う。

東側に伸びた土塁は途中で削られて、裾部の広がりを止める程度になっている。東側に伸びた土塁の南側には細い水路があり、堀跡の名残であるかもしれない。

Ⅲ郭の北西部のEでは、土塁が開口しており、虎口と考えられる。虎口Eの外側、Ⅱ郭とⅢ郭を分ける堀は、

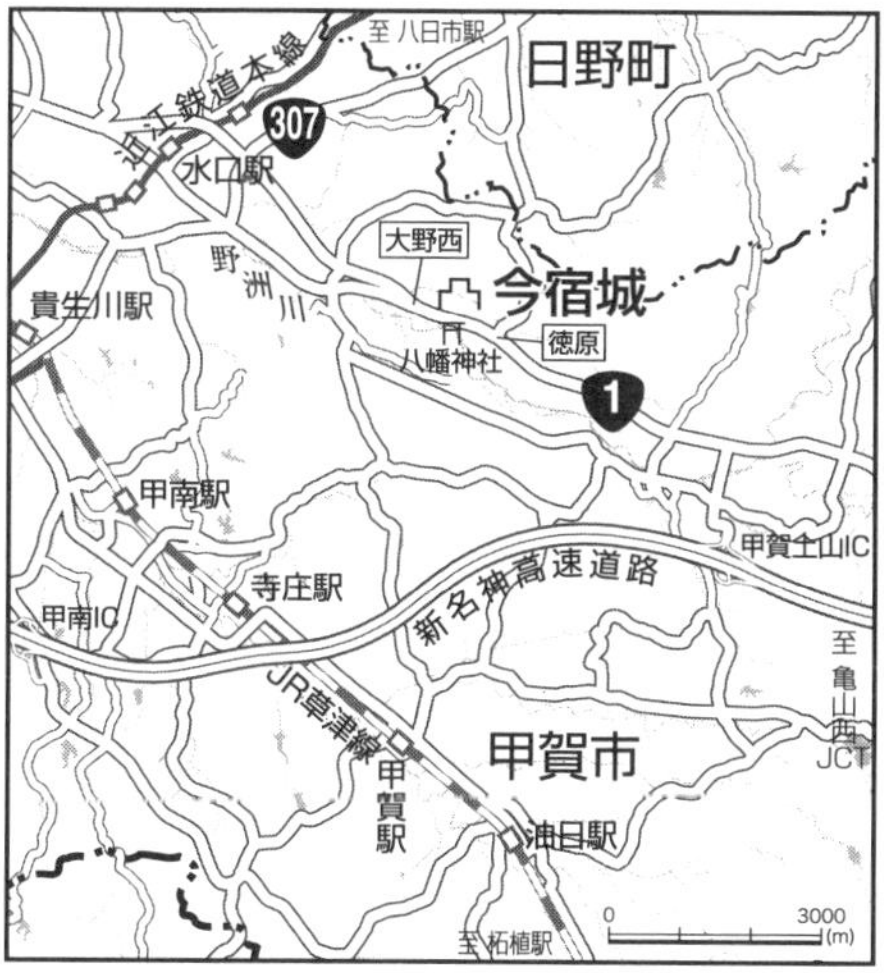

今宿城へのアクセス

近江線水口駅から旧東海道を5.2㎞、車で8分。土山ICから5.8㎞、車で10分。

南西側から見た今宿城（左手がⅠ郭、右手がⅡ郭）

虎口部分よりもわずかに高い。このため虎口Eからは南側の堀B側へは進めないようになっていたと考えられる。虎口Eの北側には土塁があるが、すぐ北側で終わっている。それでも残った土塁を通じてⅢ郭は東西三五m、南北三五m前後の規模が想定できる。

これに対してⅡ郭は南北の規模は今のところ知る術がないが、東西は約五〇mである。三つの曲輪中、Ⅱ郭が最も規模が大きかったとみて良いだろう。

虎口はⅠ郭が南側、Ⅲ郭が北西側にあり、それぞれの連絡が取りづらい状態になっている点は注意される。その一方で土塁外側の堀については共有している。凝集はするが連携性は弱い、言葉を変えればそれぞれの独立性が強いということになる。規模・形態にこそ違いはあるが、こうした城館は旧甲賀域にはいくつか類例がある（甲賀市甲賀町の垂井城、同甲南町の寺庄城など）。では実際の戦闘時には、どのように戦ったのかと言えばよくわからない、と言わざるを得ない。

やむを得ない事情があったと推察するが、『甲賀市史』段階と比べ現状は破壊が進んでいる。滋賀県内に残る城館には史跡指定され、保存・整備されたものもある。長浜市の下坂氏館が代表例であろう。これに対して未指定の城館は圧倒的多数なのであり、荒れ果て、あるいは開発が進むものも少なくない。本書に取り上げた城館の中には、数年後消滅しているものがあるかもしれない。

元より関係部署・機関に対し保存を講じて頂きたいとは思うが、限界はある。何時までも残っているものだと思い込まず、機会があればせめて一人でも多くの人に今残る城館跡を見て回ってほしいものである。

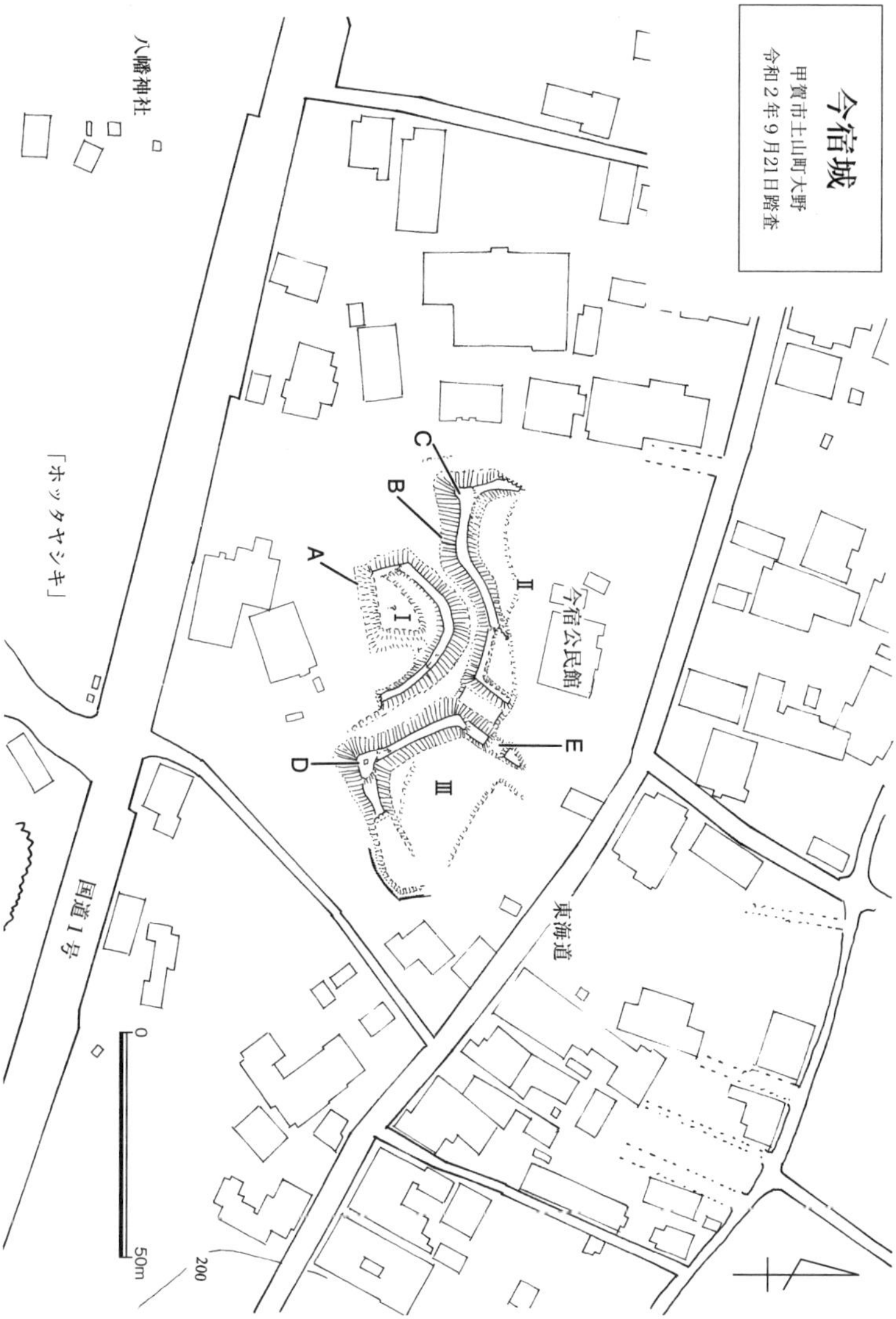

今宿城跡縄張図（作図：髙田　徹）

26 垂井城《たるいじょう》

所在地　甲賀市甲賀町大原中
築城時期　明応年間？
主な遺構　土塁・堀

垂井城は、『甲賀郡志』によれば明応年間（一四九二〜一五〇一）に垂井甲斐守が築いたとされる。城跡の小字も「甲斐屋敷」である。明応四年（一四九五）の油日《あぶらひ》神社木札に「垂井殿」と記されるのが城主であろうか。また岐阜県垂井町からこの地に移ってきた垂井家村が城主であったとも伝わる。

当城は、大原川に面した段丘上に位置する。東西に並ぶⅠ・Ⅱの二つの曲輪によって構成されている。東側のⅡ郭は民家となっていて立ち入りができない。西側のⅠ郭も民家となった部分が多いが、中央やや東寄りの位置に市道が貫通している。このため市道に面したところでは、土塁が観察しやすい。土塁の脇には大原自治振興会が建てた解説板が建てられている。

解説板脇の土塁Aは、Ⅰ郭東側を区画するものである。道に沿った部分はコンクリートの擁壁になっているから、注意しないと見落としかねない。土塁Aは、約四mの高さで下幅は約一〇mとなる。道路に面した部分は削られているから、元はもっと裾幅が大きかったはずである。

土塁Aの北側に回り込むと、堀Bを少し覗き見ることができる。堀Bは幅約七mであり、Ⅱ郭の堀も兼ねている。堀Bをはさんで I 郭とⅡ郭の土塁は向かい合う。

土塁Cは、Ⅰ郭の南側を区画するものであり、高さは約三mある。上部には個人宅の祠が祀られる。

民家裏にある土塁Dは約三mの高さがあり、Ⅰ郭の西側を区画する。

土塁A・C・Dを前提にすると、Ⅰ郭は東西約五〇m、南北約八〇mの規模が推定できる。

一方、Ⅱ郭は西側に高さ約六m、下幅が約一四mにおよぶ土塁Eを設けている。土塁Eの南北にはそれぞれ東側に向かってわずかに土塁が伸び、コ字状となっている。

このため南北の規模は約六〇ｍと判明する。民家敷地の東側には高さ約五〇㎝の段差Ｆが南北に伸びている。段差Ｆの東側に、土塁Ｅ程度の土塁が存在したとすれば、Ⅱ郭は東西五〇ｍ前後の規模と復元できる。

　明治六年に作成された地籍図を参照すると、Ⅰ・Ⅱ郭とも「畑」となった土塁比定地の開口部が南側にあって、ともに虎口と考えられる。Ⅰ郭は土塁Ｃの東側、市道と重なったあたりに虎口が比定できる。土塁Ｃに対し、土塁Ａの南端はきれいに揃うのではなく、若干食い違っていたようにみえる。

南西側から見た土塁Ａ（中央に解説板が建つ）

　Ⅱ郭の虎口は、現在民家の入口となるＧに比定できる。今に残る堀は、Ｂと土塁Ｅ北側のＨに限られる。しかし地籍図によれば土塁に比定できる畑地の外縁に、土塁幅程度の水田が取り巻く。これら水田は堀を利用したものと考えて間違いあるまい。堀跡は周囲に比べて低くなっているから、水を引き込みやすい。そのため廃城後に田となることが多い。

　一方の土塁は高くなっているので、草地（草生《くさふ》）としておき、刈り取って田の肥料に用いることがあった（刈

垂井城へのアクセス
JR甲賀駅から2.2㎞、駅にレンタサイクルあり。JR油日駅から2.5㎞、駅に電動アシストあり。甲賀土山ICから7.7㎞、車で10分。

東側から見た土塁C

敷）。あるいは家屋の屋根に葺く茅を生やしておくこともできた。当城の場合、早くに崩された部分は別として、現在も残る高い土塁を畑として耕そうとすれば実に勝手が悪かったと思われる。上部や法面にいくら植え付ける程度の畑利用がなされたようなことではなかったか。

　土塁・堀を復元的に考えてみると、Ⅰ郭に対しⅡ郭はやや南側に寄る。規模はかなり近似するが、ややⅠ郭の方が広い。いずれも南面して虎口を設けているという点で共通している。そのため直接行き来できる構造ではなく、いったん南側の虎口を出て他方の曲輪へ出入りする形となる。

　堀Bをはさんで向かいあう土塁は、Ⅱ郭側の方がやや高い。土塁の高さだけではⅡ郭側が優位と言えるが、際立つほどではない。Ⅰ・Ⅱ郭併せて垂井城と呼称しているけれども、それぞれが独立した城館であったと考える余地もある。並びながらも南北の位置がややずれるのは、それぞれの構築時期差があるためかもしれない。一方が完成した後、もう一方を築こうとした際、周辺区画に規制されてしまってずれが生じたと考える余地もあるだろう。もちろん、他の要因も考えておくべきである。

　虎口はいずれも南面するが、その先（南側）は次第に地形が下り、七〇mほどで大原川に達する。少なくとも大原谷を横断する近世以来の主要道は、城館の北側を通っていた（現在の県道一一九号）。

　中世段階の主要道は別途検討する余地はあるが、虎口がいずれも南側を向いていた意味も一考すべきである。どこに向かって、何を意識して、何に対応させて南側に開口していたかということである。想像に止まるが、Ⅰ・Ⅱ郭南に関連する施設・区画があったかもしれない。

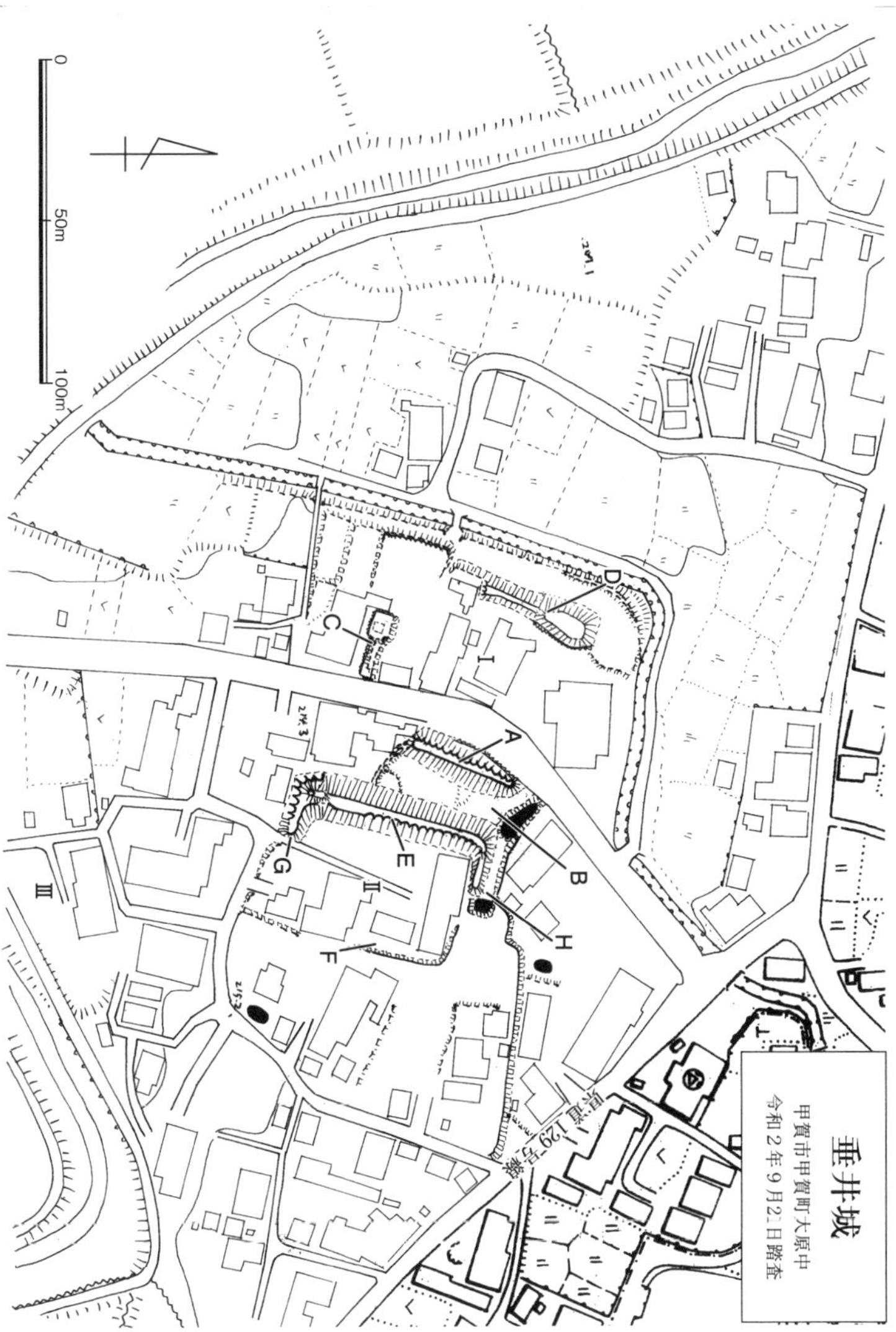

垂井城跡縄張図（作図：髙田　徹）

27 大原城《おおはらじょう》

日本遺産「忍びの里伊賀甲賀」（平成二十九年）

所 在 地 甲賀市甲賀町田猪野
築城時期 戦国期？
主な遺構 土塁・堀

大原城は、大原数馬が城主と伝わる。大原氏は、甲賀五十三家の一家である。甲賀五十三家とは、長享元年（一四八七）に室町将軍・足利義尚が六角氏を攻めるために出征した鈎《まがい》の陣（本書一五〇頁参照）に対し、六角氏方として夜襲をかけたと伝えられる甲賀の土豪・地侍層である。江戸期になると彼らの多くは、百姓身分となったが「甲賀古士」と呼ばれ、地域において家格を保っていた。なお中世史料には甲賀地域には在地領主「甲賀衆」（近代以降は甲賀武士と呼ばれることが多い）が登場するが、甲賀五十三家とのつながりについては不明な点が多い。

城館跡は現在も大原家の居宅となっている。中世以来数百年にわたり連綿として大原氏によって維持され、今も居宅として機能しているところが素晴らしい。堀・土塁も屋敷の囲いとして現役なのであり、生き続けていると言えよう（ただし本書の構成上、城館と呼称する）。

城館跡は東側の旧杣《そま》街道側や南側の路地から、迫力ある土塁を眺めることが可能である。大原家は江戸期には庄屋を勤めており、忍術書である『万川集海《ばんせんしゅうかい》』（甲賀市指定文化財）を伝えている。全体の規模は約六〇m四方であり、周囲を土塁が囲い込む。土塁の北・東側には堀が見られるが、深さは約一mと浅めである。いくらか埋没している可能性が高いが、幅も約七m前後とやや狭い。西側は段丘端部の高低差を利用する。そのため堀を設けていなかったと考えることもできるが、土塁裾には一筆の細長い水田がある。この水田が堀跡と考える余地もある。

堀以上に防御性を高めているのは土塁である。土塁は北東隅が最も高く、曲輪内からの高さが約四mある。現在、稲荷社が祀られている。北東にあるから屋敷の鬼門除けとして祀っているのではないか。

　土塁は概して北側が高く、南へ向かって伸びたところでは下降する。土塁の上幅は四ｍ前後であるが、南西の土塁Ｅのみ上幅が約九ｍと異様に広い。元々他の部分に比して低く、上幅が広かったと考えることもできるだろう。もっとも土塁の下幅で比べると、北側の土塁とさして変わりない。北側の土塁上部を二ｍ低くすれば、土塁Ｅに近似してくる。曲輪の南面にあたることから、日照を確保するため元々土塁を低くしていたかもしれないし、ある時期に上部を削ったのかもしれない。

稲荷祠から見た土塁

　土塁の開口部は四カ所ある。北側のＡは土塁を斜めに切り割ったように設けている。開口部をはさんで土塁の高さは揃う。幅は若干異なるが、東側の土塁は祠に通じる道を設けた際に狭くなっていると思われる。このことからＡは破壊道と考えられる。ただＡ外側では土橋をはさんで堀が食い違っているのが引っかかる。

　Ｂは曲輪の南東隅にあり、開口部が広い。開口部をはさんで土塁の高さ・幅もほぼ揃っている。杣街道に直結するよう、後世設けられたものであろう。

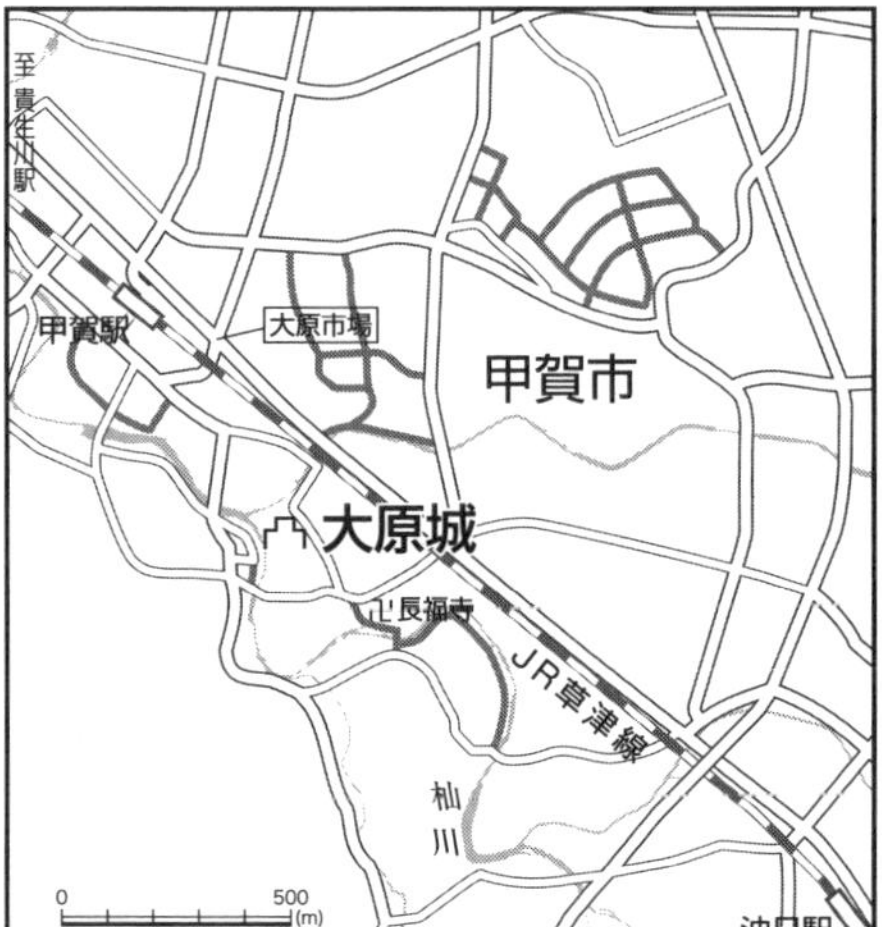

大原城へのアクセス

JR甲賀駅から900m。

Cは開口部をはさんで土塁の幅が大きく異なる。居宅の門が建ち、南に伸びる道があることから、本来の虎口と考えられる。

Dは南西隅にあり、現在排水路が設けられている。開口部をはさみ土塁の幅が大きく異なっているから、元々開口しており、排水路があった可能性がある。

土塁で囲い込まれたIが、中心的な曲輪であり、縄張りとして完結する。しかし、虎口Cの南東には、高さ約三mの土壇状遺構Fがある。Fは五m北側に位置する土塁と高さが近似する。Fの南側には道に沿って段差が続くので元は南側へ土塁として伸びていたと考えられる。またFの東側には、約五〇cmの土塁Gが東側へ伸びる。FとGはつながり、Ⅱにもう一つの曲輪（もしくは城館）が存在したと考えることもできる。ただし、改変を考慮しても土壇Fと土塁Gの格差は大きい。あるいは土壇FはI郭側の土塁とつながり、虎口Cの前面を擁護した状況を考えるべきかもしれない。

南側から見た土塁と門

南東側から見た土塁と堀

I郭とⅡの間は、土塁と土塁に挟まれ、堀を兼ねたようになっている。堀に比定される部分は、現状では通路状となっており、往時も堀底道であった可能性を残す。

隣接した場所に曲輪が並立し、堀を兼用する類例として垂井城（本書一一八頁参照）等が挙げられる。このような場合も虎口・通路のそれぞれの位置等にはいくつかのパターンが想定できる。大原城では虎口周りや道、I郭とⅡの虎口はどのような位置関係にあったのか。検討課題となる点は意外と多い。

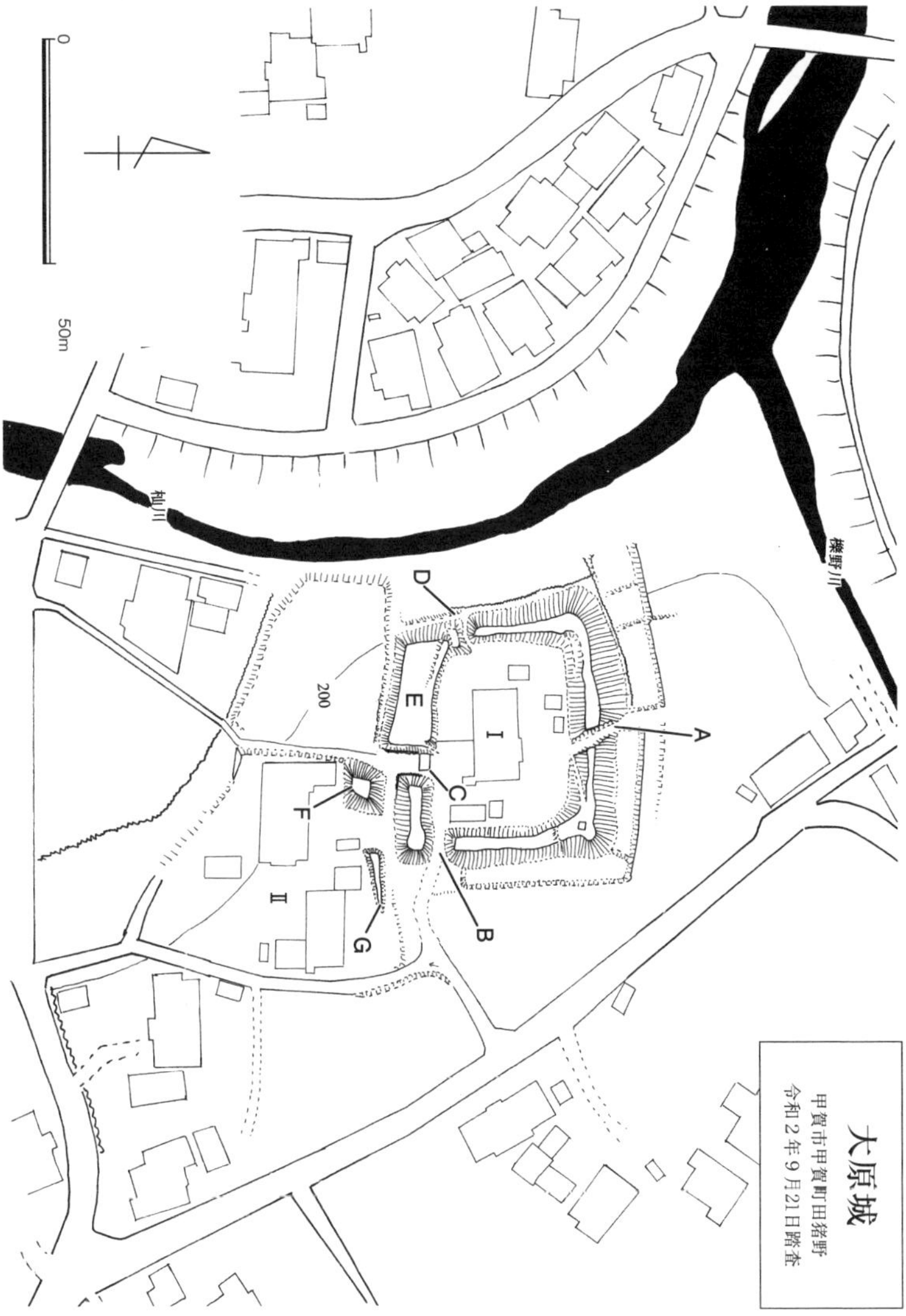

大原城跡縄張図（作図：髙田　徹）

28 補陀楽寺城《ほだらくじじょう》

所在地　甲賀市甲賀町大原市場
築城時期　戦国期
主な遺構　土塁

補陀楽寺城は、JR甲賀駅の北西方約三〇〇mにある補陀楽寺境内にある。天台宗の補陀楽寺は近隣の別府にあったが、時期不明ながら火災後に現在地へ移ったとされる。現在の本堂は寛延二年（一七四九）に再建されたものであることが、棟札を通じて明瞭となる。したがって寺院がこの地に移ってきたのはそれ以前の話である。城主や歴史については、伝えられていない。

境内の北と東には、土塁A・Bが残る。かつては西側にも土塁があり、いずれもつながっていたと考えられる。したがって、虎口は南側に存在したと考えられる。境内のすぐ南側は道路となり、次いでJR草津線がある。草津線の南側には杣《そま》街道（伊賀街道・伊勢街道とも）が東西に伸び、沿道には宅地が並ぶ。付近は、境内と比べて五〇cmほど低い。つまりJR草津線軌道付近に元々段差があり、この段差を利用して城館の南端塁線としていたと考えられる。土塁Aの中央部は北側からの高さが二〇cmに過ぎない。境内からだと約一・六mの高さがあるが、外側からだと異様に低いと言わざるを得ない。また境内側の土塁中央法面は切り立っていて、塁線の幅が不揃いとなる。これに対して土塁の東西両端では土塁の幅が三m近くにほぼ揃う。子細に見ると、本堂の広がりに対応した範囲のみ、土塁の幅が一定せず、法面が切り立っていることに気がつく。本堂を建立する際か再建する際に、裏手の土塁Aを削ったのだと思われる。土塁の内側は、一般に居住域となる。城館が機能している際には、相応の勾配をとって土塁の維持を図ったはずである。

しかし廃城となった後は、概して土塁は邪魔な存在となる。邪魔となっても全てを掘削するのは困難だから、裾部から少しずつ削っていくというのが手っ取り早い。補陀楽寺城の場合も、こうした理由で土塁が細く、不揃

東側の土塁A（東側から）

いになっているのではないか。

東側の土塁Bは高さ約一・五mであり、幅約三mである。この土塁も、内側が切り立っている。境内を広くするため、削られたのだろう。土塁南端は間知石《けんちいし》（全体が四角錐状となる。正面はほぼ正方形となる）が積まれている。これは土塁の断面を保護するものと考えられ、元はさらに南側に土塁が伸びていたことを示している。

補陀楽寺城は、平成六・七年に土塁を中心とした発掘

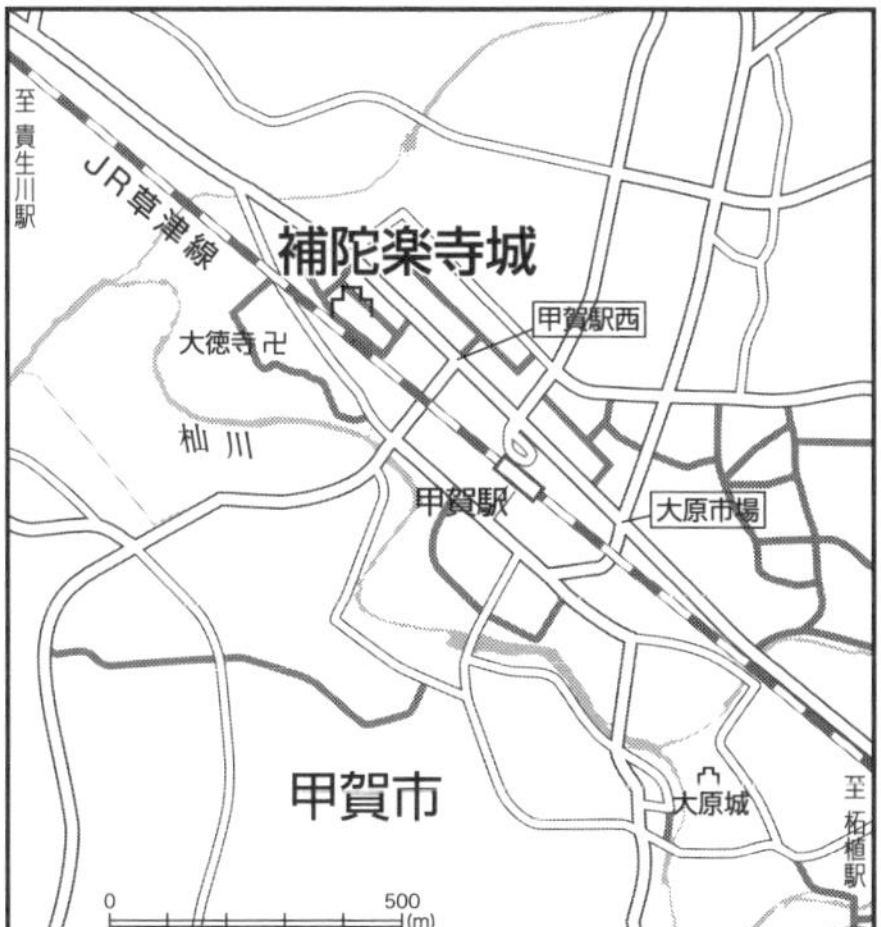

補陀楽寺城へのアクセス
JR甲賀駅から450m。

調査が行われている。この時までは本堂西側のCには、城館の西側を区画する土塁の一部が残っていた。発掘の結果、北側土塁の外側からは幅二・四m前後、最も深いところで約七六cmの「溝」が検出されている。「溝」と表現されるように、かなり狭く浅いものであった。

西側の土塁Bの下層からは、溝が見つかっている。つまり土塁が築かれる以前は溝が設けられていたのである。この溝は「く」字形に折れていたが、どこからどこまでつながっていたかは不明である。土塁B外側（西側）は、境内側に比べてやや低くなっていたようだが、堀の存在が確認できていない。

北側の土塁A（南西側から）

発掘調査では、土塁の断面も調査される。断面を通じて、土塁がどのような工程で積まれているかが判明する。調査の結果、外側が高く内側が低くなるように土を積み重ねていた。およそ五、六回の工程を踏んで土を重ねていることも判明した。土塁下層の溝からは、十六世紀後半の遺物が出土している。その上部に築かれた土塁は、十六世紀後半以降に積まれたと考えられる。発掘調査報告書（甲賀町教育委員会一九九六）では佐々木六角義賢が甲賀で織田信長と戦った時期とも考えているが、定かではない。

全体の規模は、約四〇m四方とみられる。かつては周囲に土塁を巡らしていたのだろうが、特徴的なことと言えば堀がはっきり確認できていない点である。堀は存在しなかったという状況も考えておくべきであろう。

仮にそうであったのならば、土塁の土はどこから運び込んだのかという疑問も生じてくる。方形館ならば土塁と堀がセットになって存在していたと考えがちだが、土塁だけで囲い込まれている城館、堀のみで囲い込まれる城館もあったのかもしれない。

なお線路を挟んだ南東約一五五mの位置には、市場陣山城があって土塁の一部が残っている。

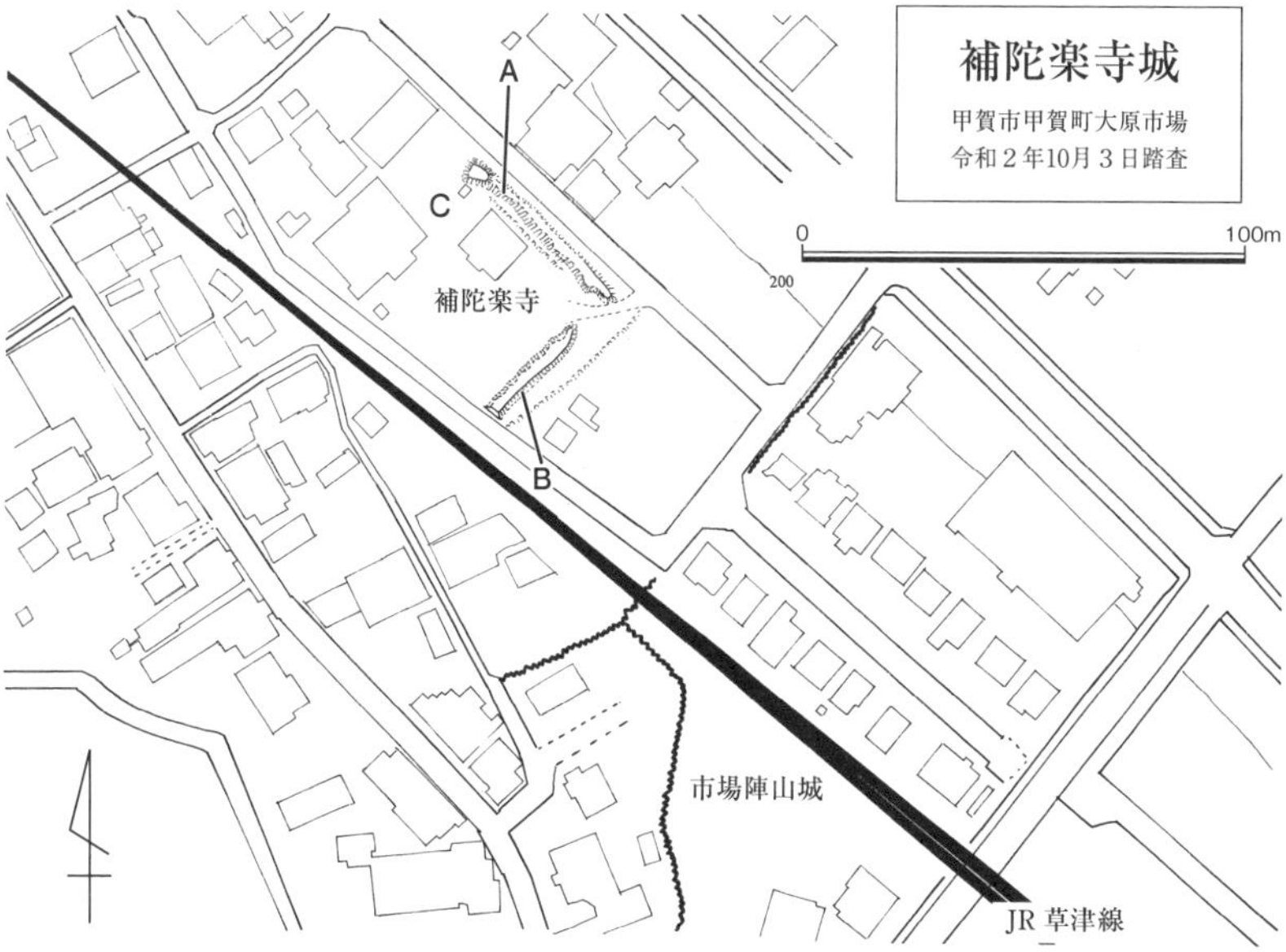

補陀楽寺城跡縄張図（作図：髙田　徹）

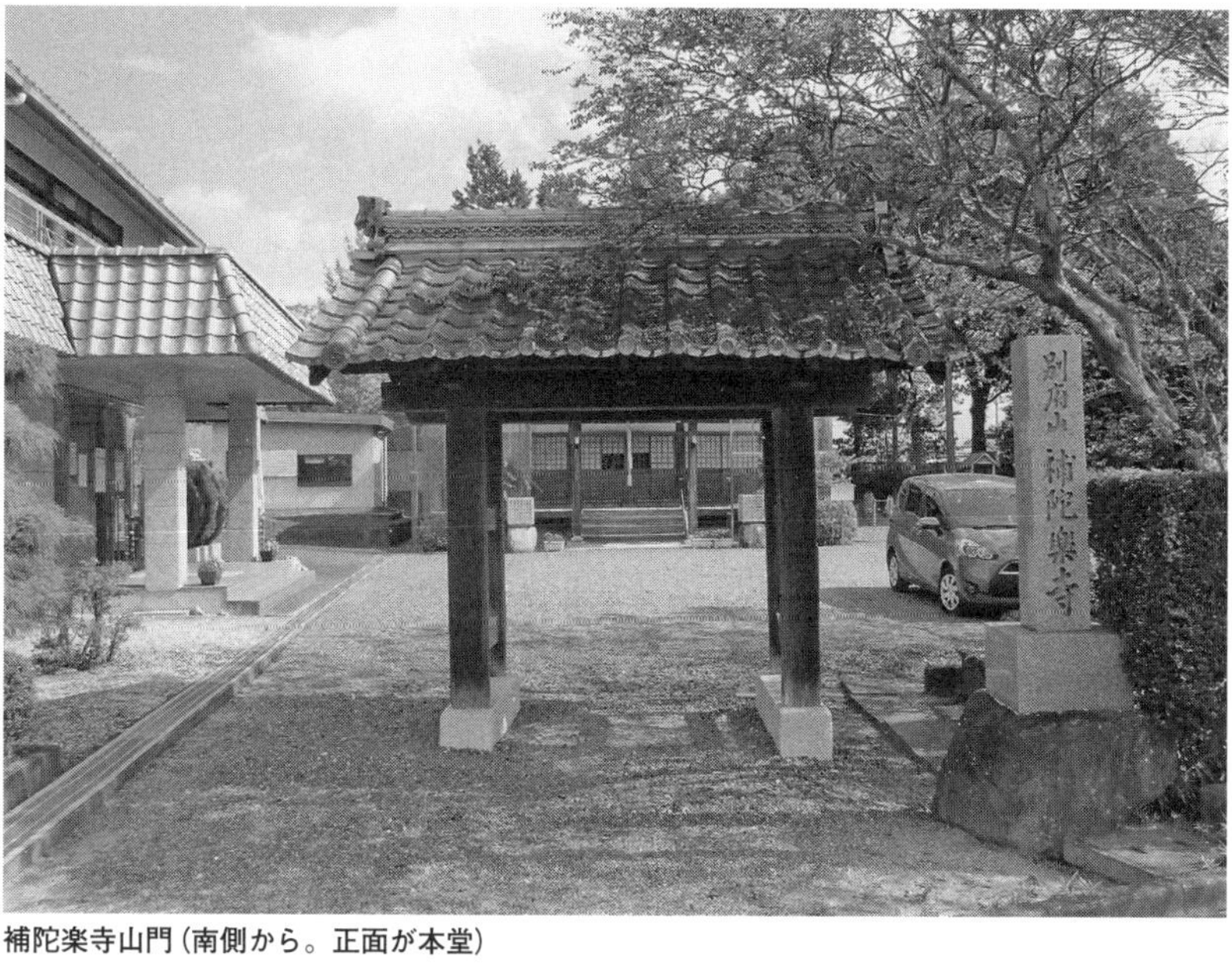

補陀楽寺山門（南側から。正面が本堂）

29 野尻城《のじりじょう》

所在地　甲賀市甲南町野尻
築城時期　戦国期？
主な遺構　土塁・堀

野尻城は県道草津伊賀線の野尻西交差点の南西、浅野川と杣《そま》川に挟まれた位置にある段丘端部近くに位置する。現在、曲輪内は個人宅になっているため、許可を得ずして立ち入ることはできない。ただし、南側の公道側からならば土塁を遠望できるし、直近に南側の堀跡を眺めることができる。城館の規模をおよそ把握することもできるはずだ。

野尻城の城主や歴史は伝わっていない。旧甲賀郡内の城館同様、戦国期に築かれたものの一つと考えられる。城館の南を区画する堀は、現在水田Aとなっている。道に沿って幅七mの水田が東西に細長く伸びた状態で残っている。本来はもっと深かったはずだが、かなり埋められてしまっている。それでも周囲に比べて低くなっていて、堀としての名残を十分止めている。それ故、今も水田としての土地利用がなされているのである。

ちなみにこの水田Aの東側、私道との間には空き地Bがある。空き地Bは最近まで池となっていた。これも堀跡が池となって、長く残されてきたのであった。

Cには民家と民家の間に、東側の堀が残る。南側は埋められてしまっているが、かつては池跡のBにつながっていたはずである。

民家の裏手には、コ字形に土塁Dが残っている。高いところでは約三mを有し、上幅は二～四mと差が著しい。上幅が二mと狭くなったところは、東西に伸びた中央あたりであり、土塁が二段になっている。しかし、二段それぞれは整っていない。こうした状態は、後世の改変を考えるべきである。所有者の方からお聞きしたところでは、大正時代まで曲輪内は畑であった。その後、宅地建設にともない土塁を崩して敷地の土盛りを行った。そのため、土塁は二段になっているとのお話を聞いている。

土塁Dの北側には、コ字形に堀Eが残っている。堀幅は五〜八mである。北西部ではやや幅が広がり、付近のみ水が溜まっていた形跡がある。元々堀幅が広くなっていたのかもしれないが、Fには堀の水を北側に排出する溝が切られている。堀に水を少しでも多く溜め、適宜北側へ排水していたとみられる。溝自体はさほど古いものとは思えないから、近年まで北側直下の水田に水を供給していたのではないだろうか。

民家の南西は土塁もなく、堀の有無も現状でははっきりしない。恐らく本来曲輪の角はG付近にあり、ここまで土塁が伸びて、外側に堀が巡らされていたと考えられる。

南側の堀跡A（東側から。手前は池跡のB）

この城館は丘陵端部近くにあるが、丘陵端部に位置するわけではない。丘陵端部との間には、溝Fのある空間を残している。防御性を高めようとするのならば土塁を丘陵端部に寄せたほうが望ましい。そうすれば高低差が大きくなるし、勢い遮断性は強くなる。土塁に用いる土をどこかから確保する必要はあるが、かなり構築上の手間を省けるはずである。

また水堀を設ける必要性もさしてないはずだ。水堀を

野尻城へのアクセス
JR寺庄駅から1.4㎞、駅前にレンタサイクルあり。

設けることで、かえって平坦地を余計につぶしてしまうデメリットもある。

しかし、この城館は①方形であること、②周囲に堀・土塁をめぐらすことに強くこだわりをもっている。あるいはこだわりではなく築城にあたっての規制、慣例に従っているのかもしれない。同様の傾向は他の甲賀郡内の城館に多く見られる（ただし、これに該当しない城館も存在する）。そして、いずれも小規模な戦闘に対応した造りである点で共通する。

北側の溝F付近に立って見上げると、わずかに曲輪内の民家屋根二階が見えるだけである。往時の曲輪内の建物は、すっかり土塁に覆われていたに違いない。

なお堀A南側からは道路を挟んだ位置にある民家敷地内には、土塁状の高まりHがある。このことから南側に別郭を有する複郭構造であった可能性も指摘されている（甲賀市二〇一〇）。確かに昭和四十三年撮影の国土地理院空中写真をみると、Hは木立となり、木立は今以上に西へ伸びていたことがわかる。別郭あるいは別の城館が隣接して存在した可能性もある。

その場合、北側に位置する野尻城虎口と、南側土塁（区画）における開口部の位置関係が気になるところである。城館の虎口は土塁が途切れる東か西、あるいは南側に想定できるがいずれもはっきりとはしない。

北側の土塁D（西側から）

北側の土塁D（東側から）

愛読者カード

ご購読ありがとうございました。今後の出版企画の参考にさせていただきますので、ぜひご意見をお聞かせください。なお、お答えいただきましたデータは出版企画の資料以外には使用いたしません。

●書名

●お買い求めの書店名（所在地）

●本書をお求めになった動機に○印をお付けください。

1．書店でみて　2．広告をみて（新聞･雑誌名　　　　　　）
3．書評をみて（新聞･雑誌名　　　　　　）
4．新刊案内をみて　5．当社ホームページをみて
6．その他（　　　　　　）

●本書についてのご意見・ご感想

購入申込書　小社へ直接ご注文の際ご利用ください。
お買上 2,000 円以上は送料無料です。

書名　（　　　冊）

書名　（　　　冊）

書名　（　　　冊）

郵　便　は　が　き

お手数ながら切手をお貼り下さい

5 2 2－0 0 0 4

滋賀県彦根市鳥居本町655－1

サンライズ出版 行

〒
■ご住所

■お名前《ふりがな》　　■年齢　　歳　男・女

■お電話　　■ご職業

■自費出版資料を　　希望する ・ 希望しない

■図書目録の送付を　　希望する ・ 希望しない

サンライズ出版では、お客様のご了解を得た上で、ご記入いただいた個人情報を、今後の出版企画の参考にさせていただくとともに、愛読者名簿に登録させていただいております。名簿は、当社の刊行物、企画、催しなどのご案内のために利用し、その他の目的では一切利用いたしません（上記業務の一部を外部に委託する場合があります）。

【個人情報の取り扱いおよび開示等に関するお問い合わせ先】
サンライズ出版 編集部　TEL.0749-22-0627

■愛読者名簿に登録してよろしいですか。　□はい　□いいえ

ご記入がないものは「いいえ」として扱わせていただきます。

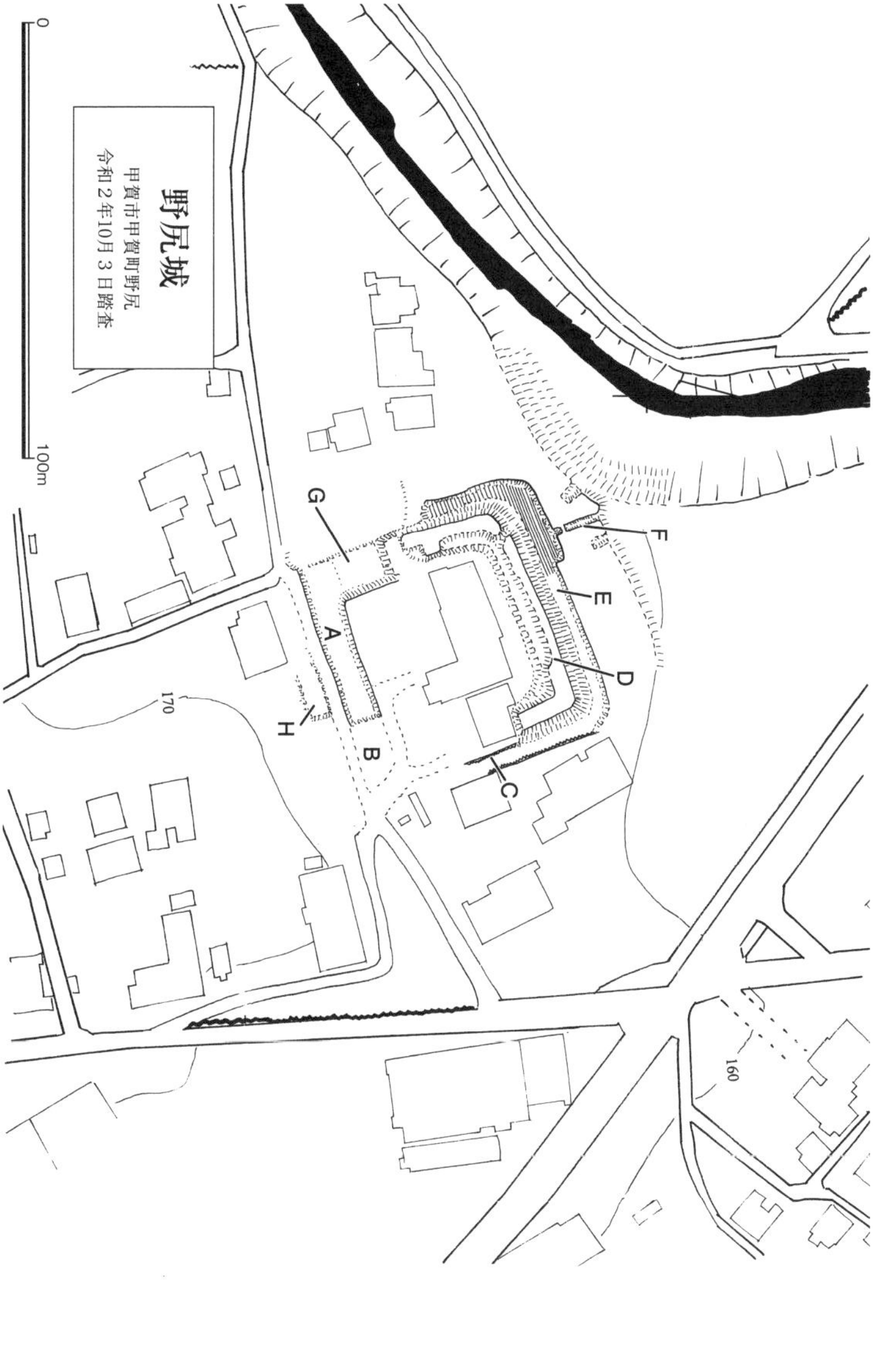

野尻城跡縄張図（作図：髙田　徹）

30 竹中城《たけなかじょう》

国指定史跡（甲賀郡中惣遺跡群）　平成二十年

所在地　甲賀市甲南町新治
築城時期　戦国期？
主な遺構　土塁・堀・虎口

竹中城は、中世甲賀郡の土豪の実像を如実に示す歴史資料である「甲賀《こうか》郡《ぐん》中《ちゅう》惣《そう》遺《い》跡群《せきぐん》」の一つとして国指定史跡となっている。この遺跡群は、杣川《そまがわ》流域の竹中城、寺前《じぜん》城、村雨《むらさめ》城、新宮城、新宮支城、そして土豪らの精神的紐帯となった油日《あぶらひ》神社、矢川神社によって構成される。平成二十九年に認定の日本遺産「忍びの里　伊賀・甲賀」の構成文化財でもある。

竹中城は、戦国期の甲賀郡において郡中惣を構成した土豪によって営まれたであろうことはほぼ疑いない。ただし、具体的な歴史・城主は伝わらない。甲賀郡の城館は実質的には、天正十三年（一五八五）の「甲賀破儀《こうかはぎ》」によって終焉したとみられる。ただ、その後も居所に留まった土豪層もいた。竹中城がどうだったかは不明である。

城跡は杣川の支流である杉谷川の右岸にある。

しかし、現地には案内・解説板の類はないから、場所はわかりにくい。本書や関連ウェブサイト等で事前に位置確認するか、近隣で地元の方に直接お聞きするのが望ましい。

城跡は甲賀市が管理しているが、今も複数名の個人所有地となっている。入口は南側にあるが、途中は民家の前を横切らねばならない。お見かけした人がいれば、一声掛けてほしい。入口自体、地元の方から聞かなければ見落としかねないからである。

ここまで述べたように案内・表示板もなく、極めて場所がわかりにくい、説明しづらい城跡である。そして曲輪に到達しても鬱蒼とした竹藪で、歩行できる場所は限られている。夏場は藪蚊が大量に発生するので、探訪は避けるべきであろう。このような城跡が国指定史跡の一つであるというのは、ある意味驚きである。

しかしステレオタイプの公園整備された城跡ではなく、

こうした形での指定・管理・公開というのも一つの選択肢ではないかと個人的には評価する。現在甲賀市には一八〇ほどの城跡が確認されている。それらの多くは宅地、山林、竹藪等となっており、大半は未整備というのが実情である。あくまで個人の感想ながら、整備された城館も良いが未整備の城館は古城らしさを醸し出し、それなりの魅力を有している。

西側の堀（南側から）

城跡は約六〇m四方の規模である。四方に土塁をめぐらせて、南側の開口部Aが虎口である。土塁は北東隅でも開口しているが、後の時代に崩されたと考えられる。土塁の北・西側、南側の西半分には空堀が巡らされている。東側も昭和三十年代まで空堀が残っていたらしい。ただし、虎口Aの東側にある土塁の南側直下に空堀があったかどうかはわからない。この付近の土塁は、南側が崩されている。土塁を崩して直下の堀を埋めた可能性もあろうが、虎口Aの前面は通路部分を除き、やや高くなっている。虎口Aの前面に小さな曲輪が存在した可能性もある。その場合、空堀は土塁直下にめぐらされるのではな

竹中城へのアクセス
JR甲南駅から2㎞、駅にレンタサイクルあり。集落内は分かりにくいため、矢川橋を渡り南下するとよい。甲南ICから2㎞。

く、小曲輪の外側に巡らされていたと考える余地がある。付属する曲輪の存在も否定しきれない。

　虎口Aに立つと、曲輪内・外に対して少し高くなっていることがわかる。そのため外側から内側をやや隠すことができる。ただそれでは、曲輪内に雨水等が溜まってしまう恐れがある。虎口Aの脇には小さな溝が通っているが、往時も似たような造りの溝があったことだろう。あるいは暗渠で土塁の下を通していたかもしれない。

南東側から見た竹中城

　曲輪内では、西側が約六〇cm高くなる。曲輪内部に段差が付けられ、それぞれが使い分けられたとみられる。

　南側の土塁内側のBには、凹地がある。その東側には円形の凹地がある。地元の方の話では、かつて付近には井戸があったらしい。人が生活する上で飲用水の確保は不可欠であった。

　南側の土塁上となるCには、深さ四〇cm前後、幅二・五m前後の凹地が四つ連なる。城館を破却した城破《しろわ》りの痕跡であるとか、石落としと考える説がある。他地域には類例とみられる土塁遺構があるので、城館遺構である可能性はある。一方で甲賀市域でも竹中城のみに、しかも一部の土塁だけにみられるというのも、いぶかしい。慎重な判断が求められる。

　またD・Eには土塁に上がるスロープがある。これが往時の遺構ならば、土塁上は守備兵が行き来することを前提にした造りであったということになる。これに対応するのか、北西隅のFは前後の土塁上幅に比べて広くなる。南東隅のGも崩されたところはあるが同様であり、ともに櫓台となっていた可能性がある。

　竹中城は一見すると単郭方形のプランながら、細かに観察すると決してそうとは言い切れない。見るべき点が多い城館の一つである。

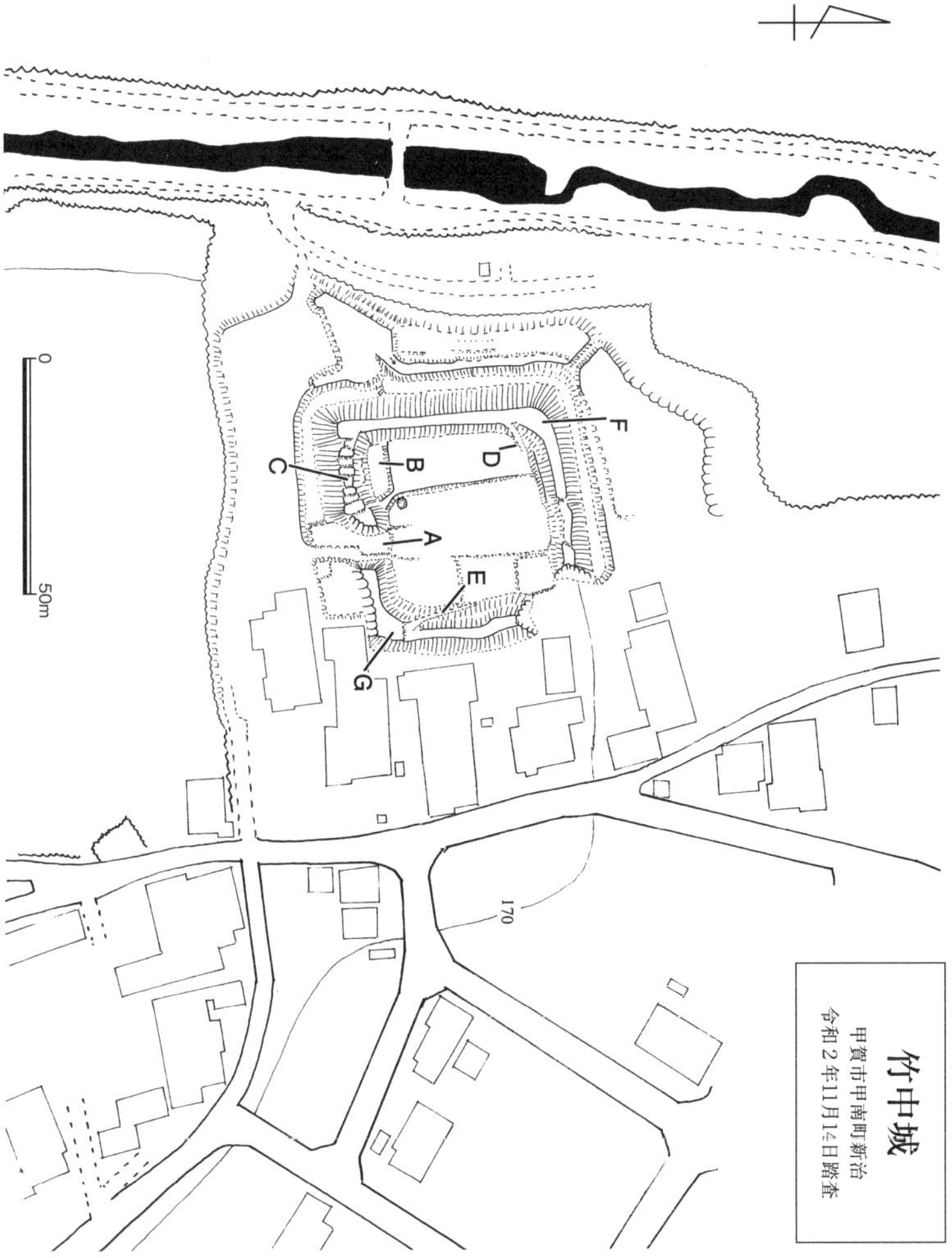

竹中城跡縄張図（作図：髙田　徹）

31 菩提寺城《ぼだいじじょう》

所在地 湖南市菩提寺
築城時期 長享年間？
主な遺構 なし

菩提寺城は、『甲賀郡志』によれば青木忠左衛門正信が城主であったという。『信長公記』によれば元亀元年（一五七〇）に織田信長に対して浅井・朝倉氏らが一斉に蜂起した際、六角義賢・義治父子は呼応して「甲賀口三雲居城菩提寺と云ふ城」まで出兵した。しかし、軍勢が少なかったので織田軍を悩ますほどではなかったという。『甲賀郡志』では六角氏が亡んだ際、青木氏は共に逃れて行方がわからなくなったと記す。

当城は、かつての甲賀郡の西端近くにある。一山越えれば、野洲郡となる。六角氏はしばしば危機的状況に陥ると居城である観音寺城から逃れ、甲賀郡へ落ち延びた。そして勢力を盛り返し、甲賀郡から反撃を試みる戦術をしばしば取った。野洲川対岸の石部城では天正元年（一五七三）に六角義賢が織田軍を相手に籠城戦を展開した。菩提寺・石部城は、六角氏にとって甲賀郡の維持のみならず甲賀郡から進出する際の重要拠点であったと言えよう。それにしても六角氏は急峻な山城ではなく、菩提寺城や石部城、あるいは鯰江城（東近江市）といった丘陵部や段丘上に築かれた、在地領主の居城に拠っている。こうした城館で大軍の織田氏による攻撃を長期にわたって凌いでいたのは驚かされる。

城跡のⅠは現在、菩提寺区自治会館、保育園となっており、特に遺構は残っていない。城跡を示す石碑もなければ、解説板等もない。それでも保育園西側には水田からの高さが約六mの法面を残している。かつての曲輪の裾部を止めていると言えよう。自治会館の南側はゲートボール場となるが、その南東側は高さ約五mのコンクリート擁壁Aが続く。擁壁Aは南東側の曲輪裾部の痕跡であろう。注意されるのは擁壁Aよりも一段低い位置に、直交するように設けられたコンクリート擁壁Bである。

窪んだ位置にある擁壁Bは、谷地形を塞いだものであろう。もとは谷地形が北東側に向かって伸びていたとみられる。現状だけではっきりしないが、地形全体で考えれば保育園北側あたりで台地続きを堀で区画し、さらにBへと続く谷もしくは堀によって城域を構成していたのではないかと推測できる。

南西側から見た菩提寺城

昭和二十三年撮影の米軍空中写真で確認すると、Bの北側には堀を思わせる樹木が茂った部分が広がる。またC付近には、樹木が茂った一画がある。聞き取りによればC付近に「城山」と呼ばれる三～五ｍほどの小山があったという。保育園のある場所には学校があり、校門は北側の道路に面していた。現在南側にある車道は、戦後の自治会館建設時に設けられたという。聞き取りによって得られた内容を踏まえて空中写真を観察すれば、一層旧状がイメージしやすくなる。

戦前の菩提寺城跡について、郷土史家の鈴木儀平氏は貴重な記録を残してくれている（儀平塾編二〇一一）。

菩提寺城へのアクセス
JR石部駅から2.6㎞、駅に電動アシストあり。

南西側から見た青木館

鈴木氏によれば城山は北側が最も高く、南側に向かって合計三段の曲輪から構成されていたようだ。城山の北東にはL字形に折れる水堀があったらしい。実際に水堀があったのならば、丘陵上であるから堤が存在したことであろう。城山から堀を隔てたD・Eには土塁跡を示している。いずれも現在は残っていないが、城域あるいは関連する屋敷地が東側台地上に広がっていた可能性は十分ある。その他、Iの南西、湿田となっていた付近の孫字（いわゆる通称地名）は「矢倉の下」であった。城跡の北側には元禄十一年（一六九八）に旗本・内藤十治良の陣屋が置かれていたという。

鈴木氏が見た風景や、筆者よりもはるか以前の聞き取り内容は貴重である。将来にわたって菩提寺城を調べるに際しての、基礎資料となりうる。その地に住む人たちの話を聞くことによって教えられる点は多い。

ところで菩提寺城西方約八〇mのⅡには、青木館がある。青木孫九郎屋敷とも呼ばれるが、『甲賀郡志』では青木玄蕃頭の城とする。当時は「御池」と呼ばれた用水井があり、周辺には家老子孫が居住していたという。城主の氏神は八王子の宮、菩提寺は阿弥陀院であるという。八王子神社、阿弥陀寺は青木館のすぐ北側に今もある。

館跡の中央部は道路が貫通している。道路東側には、畑地となって東端の輪郭をおよそ止めている。道路西側は、道路建設時に曲輪が削り取られた模様であり、ほとんど痕跡を残さない。昭和二十三年撮影の空中写真を判読すると、西側法面が畑の間に明瞭に表れている。

館跡の南側は段丘崖となっており、約一〇mの高さがある。南側を除いた三方のどこかに虎口があり、八王子神社や阿弥陀寺、そして菩提寺城とつながっていたとみられる。

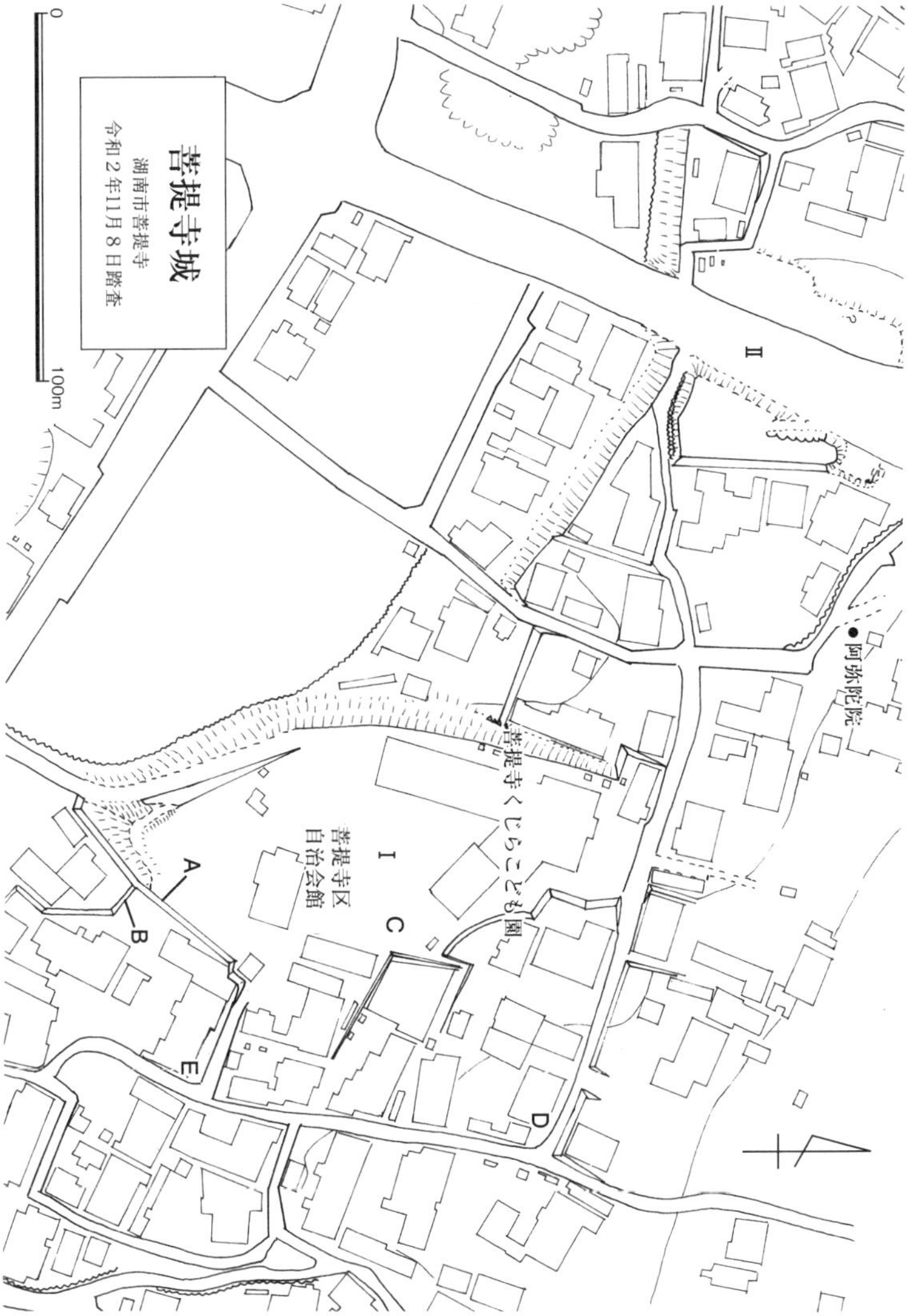

菩提寺城跡縄張図（作図：髙田　徹）

32 市《いち》三《み》宅《やけ》城《じょう》

所在地　野洲市市三宅
築城時期　戦国期？
主な遺構　土塁・堀

市三宅城の城主・歴史等は伝えられていない。城の主郭部は、集落のほぼ中央部にある。周囲は宅地に囲まれてしまっている。主郭部は東側にある民家の私有地になっており、立ち入るには許可を得なければならない。Aには L字形に折れる土塁があり、北側端部に付近には祠が祀られている。祠の西側には土塁を削った痕跡があり、かつてはさらに西へ続いていたことが確実である。祠の南側には石段があり、北側にはスロープがある。ともに祠への参道として改変されたものであろう。

土塁Aの南側のBは、開口部となる。幅約二mで、向かい合う土塁Cとの間が低くなる。このような場合、開口部Bは虎口なのか、破壊道なのかの判断が求められる。開口部Bをはさんで東西は低くなっており、開口部そのものの位置はやや高くなっている。開口部が前後に比べて高くなっていることからすれば、土塁を崩したためと考えることもできるだろう。

しかし、開口部をはさんで土塁Aと土塁Cは食い違っている。土塁が一続きならば塁線に折りがあったことになるが、あえて折りを設けるべき位置でもない。むしろ開口部Bは、土塁を食い違わせた虎口と考えるのが妥当であろう。

土塁Cは、北側では高さ約二・五mながら、南側に行くにしたがって低くなる。土塁CもL字形に折れ、低い高まりとなって西側へ伸びる。土塁Aも土塁CもL字形に折れており、共に囲い込むのは西側となる。したがって虎口Bの西側が内側と判断できる。土塁Aのすぐ東側は約三〇㎝低くなったDがある。一般に堀は土塁の外側に設けられるから、Dは堀の痕跡と考えられる。堀跡の痕跡からも虎口Bの西側が内側であることがわかる。土塁Cの南側には水路が東西に流れているが、これは南側の堀の痕跡なのかもしれない。

市三宅城の主郭は、東側の土塁はほぼ残るが、南北の土塁は一部しか残らない。そのため西側にあったであろう土塁の位置がはっきりしない。発掘調査が行われれば、土塁裾部の立ち上がりや堀の落ち込みが見つかる可能性があるだろう。

ただし発掘が行われていない以上、現状でその位置を推定するほかない。推定する方法は、いくつかある。一つは土塁A・土塁Cを通じて東側の土塁の長さはわかっているから、南北の土塁の位置も等しいと仮定し、その西端を結んだところに西側土塁を推定するというものである。あるいは西方に東側の土塁に平行しそうな段差、道、何らの地割が存在するのならば、そこに比定するという見方もできる。明治初期の地籍図を参照すると、城跡一帯は字東屋敷であり、大きな区画（宅地）となっている。そのため、ここでは地籍図は参考にできない。

平地城館の場合、地形に影響されることは少ないこと、平地城館の多くは方形プランであることから、こうした

東側の土塁Aと堀跡D（南側から）

市三宅城へのアクセス

JR野洲駅北口から1㎞。

推定をしばしば行う。ただし城館（主郭）が必ずしもきれいな方形を呈するとは限らない。半分が方形に近くとも、他の塁線がいびつになることもある。実際発掘してみると、予想に反していびつな形の平地城館であったという例もある。そうは言っても、発掘調査が行われていない状況下では前記のような推測を無難としなければならない。

次に平地城館で考えるべきことは、城域はどこまで広がっていたかということである。先に述べたのは主郭部の範囲である。主郭だけで成立していた、いわゆる単郭の城館であった可能性は当然ある。他方、主郭の外縁部に曲輪が存在し、外堀等があったかもしれないのである。

南側の土塁Ｃ（東側から。左端は水路）

市三宅城では現在外郭に相当しそうな土塁は認められない。しかし、失われた可能性はあるし、元々主郭に比べて外郭の土塁は小規模であったと考える余地はある。主郭の土塁は規模が大きかったため、破壊が及びにくかったのかもしれないし、特別な意識が働いて破壊が抑えられたのかもしれない。

ただし、土塁Ｃの南側には水路が東西に伸びているし、土塁Ａ・Ｃから宅地を越えた東側には南北に水路が流れている。こうした水路が内堀や外堀の名残であった可能性も考えなければならない。ただし水路があるからといって直ちに堀に結び付けることもできない。城館が存在しない集落であっても、水路というのは存在するのが普通なのである。市三宅城の場合、主郭部が宅地に囲い込まれた形になり、周囲を囲む道からは離れている点が注意される。周囲を囲む道が城館の機能している段階から存在していたのならば、両者をつなぐための曲輪が存在したとみなすのが自然ではないか。あくまで推測に留まるが、市三宅城の場合は主郭と付随する曲輪から構成された、複郭であったと考えておきたい。

145　市三宅城

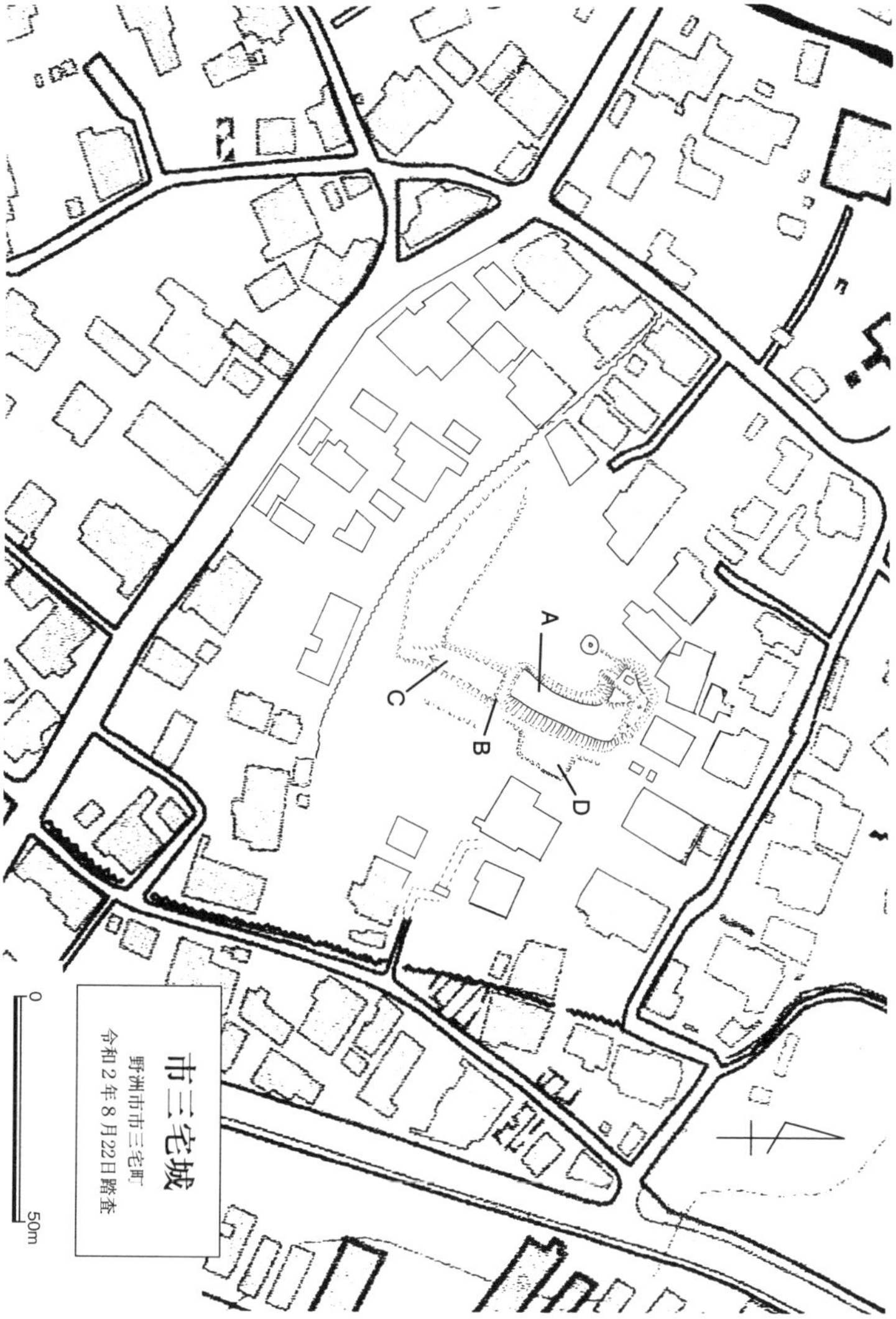

市三宅城跡縄張図（作図：髙田　徹）

33 浮《ふ》気《け》城《じょう》

浮気城の城主である浮気氏は、鎌倉期に浮気を領したと伝わる。戦国期には近江守護佐々木氏に仕え、後に織田信長・豊臣秀吉に仕えたと言われる。『金森《かねがもり》日記抜』によれば、元亀元年（一五七〇）に織田信長が本願寺と対立した折、「守山・浮気・勝部ノ城ニコトゴトク奉行ヲスヘラル」とある。

浮気町集落の北西、住吉神社境内には土塁が残っている。社殿そのものが幅約一〇m、高さ約一mの土塁の上に鎮座している。社殿の北側では土塁は緩やかに折れ、上幅三m、下幅七mほどとなって伸びている。約三〇m北へ向かって伸びたAでは高さ三mほどとなり、そこから西に向かってほぼ直角に折れている。Aの土塁上部が現状では最も高くなっている。Aから西に向かって伸びた土塁は、二五mほど伸びたところで終わっている。それ以上伸びていたのかどうかは、現状でははっきりしない。

一方、社殿の東側では土塁が一五mほど伸び、先端のBではわずかに折れている。Bの先は県道によって断ち切られた形になっている。元はさらに東か南へ伸びていたと考えられる。

土塁との関係性は不明ながら、Bの南側には高さ一m弱の段差Cが湾曲しながら伸びており、これも先端は東側に折れて県道で断ち切られようになっている。

社殿の鎮座する土塁の北側裾は、わずかに低くなっていて堀跡を思わせる。ただし、全体が低くなっているわけではなく、Aの東裾では犬走り状にやや高くなっている。社殿からやや離れたDには、深さ約四〇cmの堀状地形がみられるが、土塁に対応した形にはなっていない。

昭和五十九年頃に滋賀県教育委員会によって行われた城郭分布調査の際にはBから南東へ、さらに土塁が伸び

所在地　守山市浮気町
築城時期　戦国期？
主な遺構　土塁・堀

ていた様子が知られる。すなわち土塁は集落の東側を囲い込むように、源昌寺の南東辺りまで伸びていたようである。

昭和二十二年に撮影された米軍空中写真を参照すると、北側から東側にかけて浮気集落を半周するように、樹木が茂った部分が伸びている。このうち北側半分が住吉神社付近の土塁に相当し、全体の広がりは滋賀県教育委員会による調査図の範囲とほぼ符合する。

社殿背後の堀・土塁（西側から）

住吉神社に残る土塁に関しては、次の三点の疑問がある。①土塁に対応すべき堀がはっきりとしない、②集落の西側を土塁が巡っていた形跡がない、③土塁によって囲い込まれる範囲がかなり広い、である。①・②については、後に破壊された可能性もあるだろう。③については、集落のほぼ半分を囲い込んでおり、集落と城の広さがほぼ等しかったようにみえる。

そこで集落内に目を向けると、住吉神社鳥居前の道Eは東側へ緩やかに湾曲し、源昌寺方向へに続いている。湾曲する道Eは、およそ住吉神社から南東側に伸びてい

浮気城へのアクセス
JR守山駅東口から750m。

た土塁とほぼ並行している。この点は、土塁と集落内の道Eが関連しあって、あるいは一体的に設けられたことを示唆している。道Eの内側、集落内には周囲を水路で囲まれた区画Fが見出せる。浮気城の主郭部があったとすれば、Fに比定すべきではないか。これを囲む外郭部の土塁が住吉神社を中心に広がる土塁A~B~Cであったとの考え方をまず提示しておく。

住吉神社北西隅の土塁（西側から）

もっとも先に述べた①②の点から、土塁は堀をともなわず、集落全体を囲い込んでいなかった状況も考えられる。浮気集落の東方六〇〇m付近では野洲川が北流する。現在は堤防整備が進められ氾濫する恐れは低下したとみられるが、近代以前は水があふれて周辺域に被害を及ぼすこともあっただろう。昭和二十年代の空中写真を見ると、野洲川の旧河道が浮気集落により近い位置に認めることができるのである。

ちなみに「浮気」と書いて「ふけ」と読むが、「ふけ」とは水が浸かりやすい場所や水が浸かった状態を指す。地名自体が野洲川の氾濫を蒙りやすい場所であったことを如実に伝えている。

住吉神社境内に残される土塁は、集落を水から守る堤としての役割を担っていたと考えられる。浮気城の外郭土塁が転用されている可能性もあるが、集落を水害から守る役割、つまり元々堤であった可能性もある。

いずれにせよ現状の土塁の広がりからすれば、主郭部は集落内部に別途求めるべきであろう。候補地としては、Fが挙げられる。

住吉神社境内には、参拝者用の駐車場はない。集落内の道は狭く、車が方向転換できるところもほとんどない。県道側は交通量が多く、こちら側にも駐車できる場所は見つけにくいので探訪にあたっては注意されたい。

浮気城跡縄張図（作図：髙田　徹）

34 鈎陣所《まがりじんしょ》

栗東市指定史跡「足利義尚公陣所跡」(昭和三十五年)

所在地 栗東市上鈎
築城時期 長享元年(一四八七)
主な遺構 土塁・堀(跡)

鈎陣所は、室町九代将軍足利義尚の陣所である。義尚は六角高頼によって横領された奉公衆所領、社寺領の回復、そして弱体化した将軍権力を立て直すべく長享元年(一四八七)九月十二日、近江に向けて出陣する。湖東では幕府軍先陣が戦闘におよび、六角氏は甲賀に退避した。十月四日、義尚は鈎の安養寺(栗東市)まで進軍したが、同月二十七日になると下鈎の真宝館に陣を移した。

真宝館は延暦寺の末寺であったが、そのままでは狭いので「仮御陣所一宇」を新造した。義尚は長享三年(一四八九)にこの地で二十五年の短い生涯を終えることになる。

その間、陣所には公家・僧侶たちがしばしば訪れ、義尚主宰の和歌会や犬追物《いぬおうもの》等が行われた。陣所は「大樹御所《たいじゅ》」と呼ばれ、それにふさわしい建物・構造であったことが知られる。史料によれば御小袖ノ間、御門、番所、御対面所、小侍所、御厩、義尚が信仰した勝軍地蔵を祀る持仏堂等があった。

将軍の近習、奉公衆、奉行人、公家、僧侶、同朋衆の居所も鈎陣所の周辺に設けられた。一方、実際に戦闘を繰り広げた守護大名やその家臣らは、より広域に陣を構えている。守山には斯波氏被官の織田広近、上笠(草津市)には赤松氏被官の浦上則幸といった具合である。

今日、義尚の鈎陣跡(真宝館)と言われるのが上鈎の永正寺とその一帯である。永正寺のある旧寺内村は、「陣内」が転訛したものではないかと言われている。鈎陣が存在した時代には、寺内集落の西南約一〇〇m付近に居館を有する集落が存在していたようである。この集落は十五世紀後半頃に廃絶しており、江戸期から現在に続く寺内集落は鈎陣以降に形成された可能性が高いとされる。元は比叡山山徒であった中氏が室町後期に浄土真宗に宗旨替えし、その居館を寺地とした上で集落を「寺内」としたと考えられている（藤岡二〇一四）。永正寺は永正年間（一五〇四〜二一）の開基と伝わる。

　したがって将軍の鈎陣の具体的な位置は依然不明であるが、永正寺周辺は「史跡足利義尚公陣所跡」として栗東町（現在は栗東市）指定文化財に指定されている。また上鈎池西側には「九代将軍足利義尚公鈎の陣所ゆかりの地」と刻した石碑が建っている。

山門と山門脇の土塁

　つまり永正寺は鈎陣所跡とは考えにくく、今に残る土塁は中氏居館に伴うものであった可能性が高いということにある。市の史跡となっていても、定説とは違うという点には注意しておきたい。

　永正寺境内の土塁は、北西隅から西側、そして南側の一部に残されている。北西隅の土塁は高さ約二・五mを有し、上幅は広いところでは六mを有する。隅部にあって幅が広がることから、櫓台とみなすこともできる。東側へ伸びた土塁は下降して、一五mほど伸びたところで

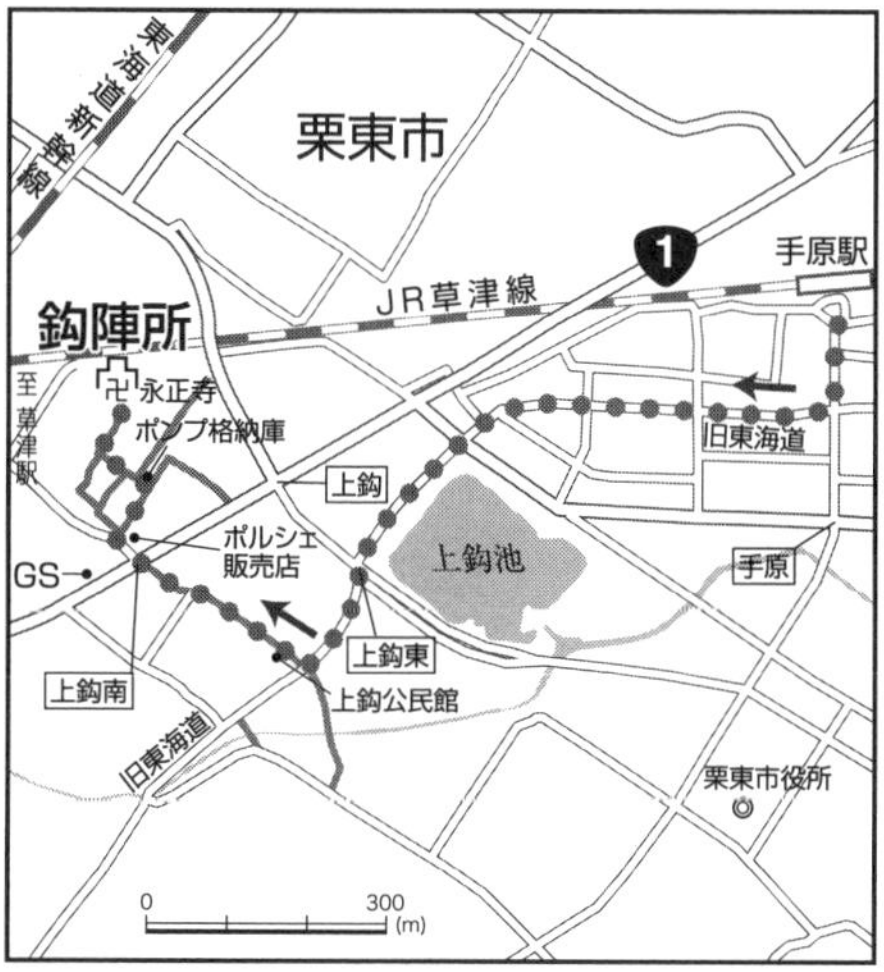

鈎陣所へのアクセス

JR手原駅南口から1.3㎞、駅構内観光案内所に電動アシストあり。旧東海道から国道1号上鈎南信号を渡り、ポルシェ販売店の裏手を入る。集落内は道が狭く行き止まりが多いので注意。

西側から見た永正寺。手前の更地は現在宅地となっている

消滅する。南側に伸びた土塁は、中間あたりでいったん途切れた後、約二mの高さを保って南西隅まで伸びている。

境内の南側は土塁の痕跡を思わせる高まりがあり、クランク状に折れたところもある。山門脇には高さ約二m、幅約七mの土塁が残る。

これまで鈎陣所を語る際、しばしば引用されてきたのが『近江栗東郡志』所収の大宝祠蔵「鈎里陣図」である。同図では永正寺部分を「本丸」（Ⅰ）とし、周囲を「土居」と堀で囲む。現在の山門の位置あたりに虎口、その前方に土橋を描く。「本丸」の外側にはこれも堀・土塁で囲まれた曲輪（Ⅱ）があり、虎口は南東部に二つ描かれる。さらに外側に「三ノ丸」「三ノ曲輪」（Ⅲ）と呼ばれる大きな曲輪があり、堀のみで囲い込まれるように描く。堀を渡る土橋、虎口は描かれていない。「三ノ曲輪」の一画には「地蔵堂」と「大宝天王宮」が描かれる。全体の規模は、東西四一一間南北一二〇間と記されている。

「鈎里陣図」と現状を比較すると、およそ「本丸」の形態は類似しており、堀は現在水路となった部分等に対応しそうである。中間部分の曲輪は整合しない部分もあるが、A～B～Cの水路が描かれた堀に該当すると考えられる。ただし「三ノ曲輪」については地籍図・空中写真では多くが水田となっており、痕跡が窺えない。

「本丸」外側にある水路で囲まれた部分は旧集落とほぼ重なっており、寺内の範囲を示しているのであろう。ただし、水路となった堀が本来どれだけの幅を有したのか、土塁が存在していたのかどうかは不明である。義尚陣所の所在は杳として知れないが、鈎寺内としては旧態を残す部分が多いと言える。

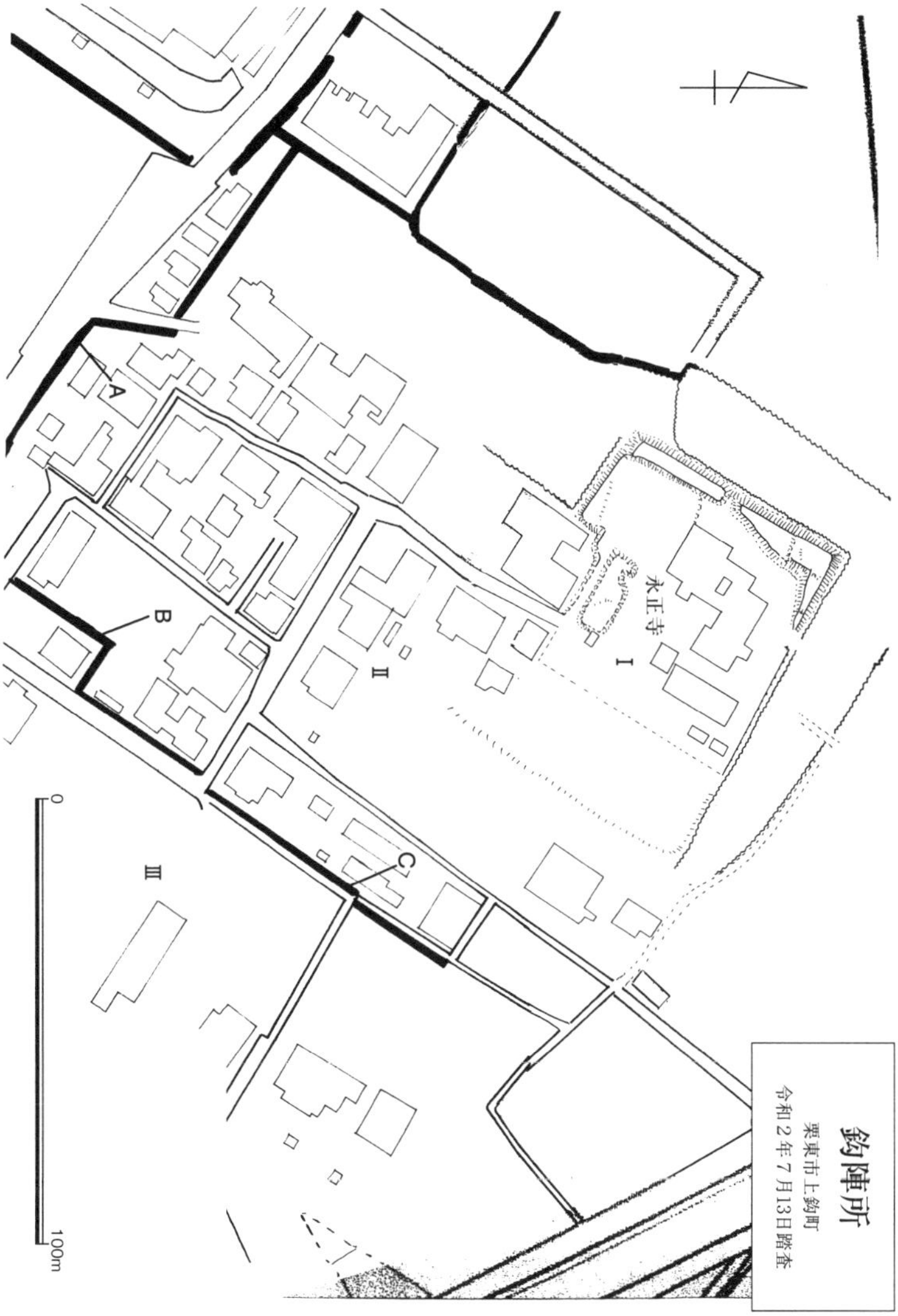

鈎陣所跡縄張図（作図：髙田　徹）

35 青地城《あおじじょう》

所在地　草津市青地町
築城時期　鎌倉初期？
主な遺構　曲輪・土塁・堀切

青地城は鎌倉初期に築かれたとも、応仁の乱後の築城ともいうがはっきりしない。近江守護佐々木氏の一族であった青地氏が城主である。青地氏は六角氏が滅んだ後は織田信長、次いで織田信孝に仕えた。天正十一年以降になると縁戚の蒲生氏郷の元に寄寓する。その頃までに青地城は廃城になったと思われる。

青地城の主郭には、明治四十一年に志津尋常高等小学校（現・志津小学校）が設けられ、以後たびたび改変がおよんでいる。ただし小学校が移転してくる前の明治三十七年、主郭を含めた中心部分が測量されている（『近江栗太郡史』。以下、測量図と呼ぶ）。明治後期という時期に遺構細部が読み取れる精緻な測量図が作製されていたことに驚かされる。そして失われた遺構を知ることができるのは、何より幸いである。

城跡は草津市民が選んだ「草津八大名所」の一つ「栗太武士の拠点　青地城址」に挙げられている。

城域は、志津小学校校地とその南側、そして北側の「城池」を含めた約二二〇m、東西約一五〇mの範囲に及ぶ。

小学校の校舎が建つ主郭Ⅰでは、土塁が崩され、ほぼ均されてしまっている。それでも測量図と比較すれば旧地形を止める部分が多いことがわかる。主郭部分では、今も地中に遺構を止める部分があるのではないだろうか。

主郭Ⅰは四方を土塁で囲まれ、南東隅は塁線が張り出していた。土塁の西・北・東外側は帯曲輪となっていた。今も小学校北側に主郭Ⅰと帯曲輪Ⅳの段差が残っている。主郭Ⅰ虎口（土塁開口部）は北西隅と北東隅にあったようだが、帯曲輪からどのように他の曲輪へつながっていたのか、はっきりとはしない。

主郭Ⅰの西側には、平成二十一年に行われた発掘調査によって横堀の存在が確認されている（ただし、調査後に破壊）。Ⅱ郭は、北側を除く三方に土塁を巡らしている。主郭Ⅰとの間は本来堀で区画していたようだが、現状は段差のみが残る。測量図でも主郭Ⅰに対峙する位置に土塁を設けていた形跡がない。つまり主郭Ⅰに対して従属的な曲輪であったと考えられる。曲輪内には供養塔である「青地城主之碑」、大正七年に建てられた「青地城山碑」がある。

堀切A（西側から）

Ⅱ郭の南側には、堀切Aがある。堀切AはⅡ郭上から底部まで、約八mの深さがある。

堀切Aを隔てた南側には、Ⅲ郭がある。西側から上がる道が付き、上部は虎口状を呈している。他には虎口・通路に比定できそうな部分が見当たらない。

Ⅲ郭の南西裾部には堀B、外側に土塁がある。さらに外側に水路が流れており、外堀的な役割が考えうる。

志津小学校北側、正門に続く坂道は、元は東西にある「城池」の中間に設けられていた。現在は西側の「城池」しか残らないが、かつては東側にも存在した（現在、志津小学校体育館となる一帯）。

青地城へのアクセス
JR草津駅東口から3.5㎞、駅にレンタサイクルあり。旧東海道から県道2号がわかりやすい。草津田上ICから4㎞、車で10分。

ここまで述べてきたように主郭周辺は志津小学校構内となっているため、許可を得ずして立ち入ることはできない。他の曲輪も整備されているわけではない。ただしⅡ郭とⅢ郭を分ける堀Aについては、西側の道から深さ、高さを確かめることができ、その遮断性の強さを実感できる。また堀切Bは道のすぐ脇に存在するので、容易に外側の土塁、隣接する水路とともに観察できる。

城跡の外回りは一周することができるので、道から城内側を見て歩くだけでも、曲輪の輪郭や広がりを十分把握できる。特に北側の城池側から望めば、立地が理解しやすい。城池端と小学校正門前には城跡を説明した解説板が建てられている。ちなみに、城跡に最も近接する旧部田《へた》集落は城池北側にある。

城跡の南側に鎮座する小槻《おつき》神社は、延喜式内社であり於知別命、天児屋根命を祀る。城主青地氏が社殿・神輿を寄進するなど、崇敬していた。本殿は檜皮葺きの三間社流れ造りである。本殿とその周囲を囲む塀・唐門の大棟には、波や鶴・鹿等を表した瓦がはめ込まれているのが面白い。拝殿前の石垣は、境内付近にあった古墳の石室から転用したものという。境内の丘陵上には、部田《へた》古墳群がある。鳥居は大津市大鳥居町から石材を伐り出し、川や琵琶湖を経由して運び込んだと言われている。

青地城と小槻神社に限らず、隣接する位置にある寺社は城館と関わりが深いところが多い。時間が許せば、立ち寄るようにしたい。

城池と解説板（北側から）

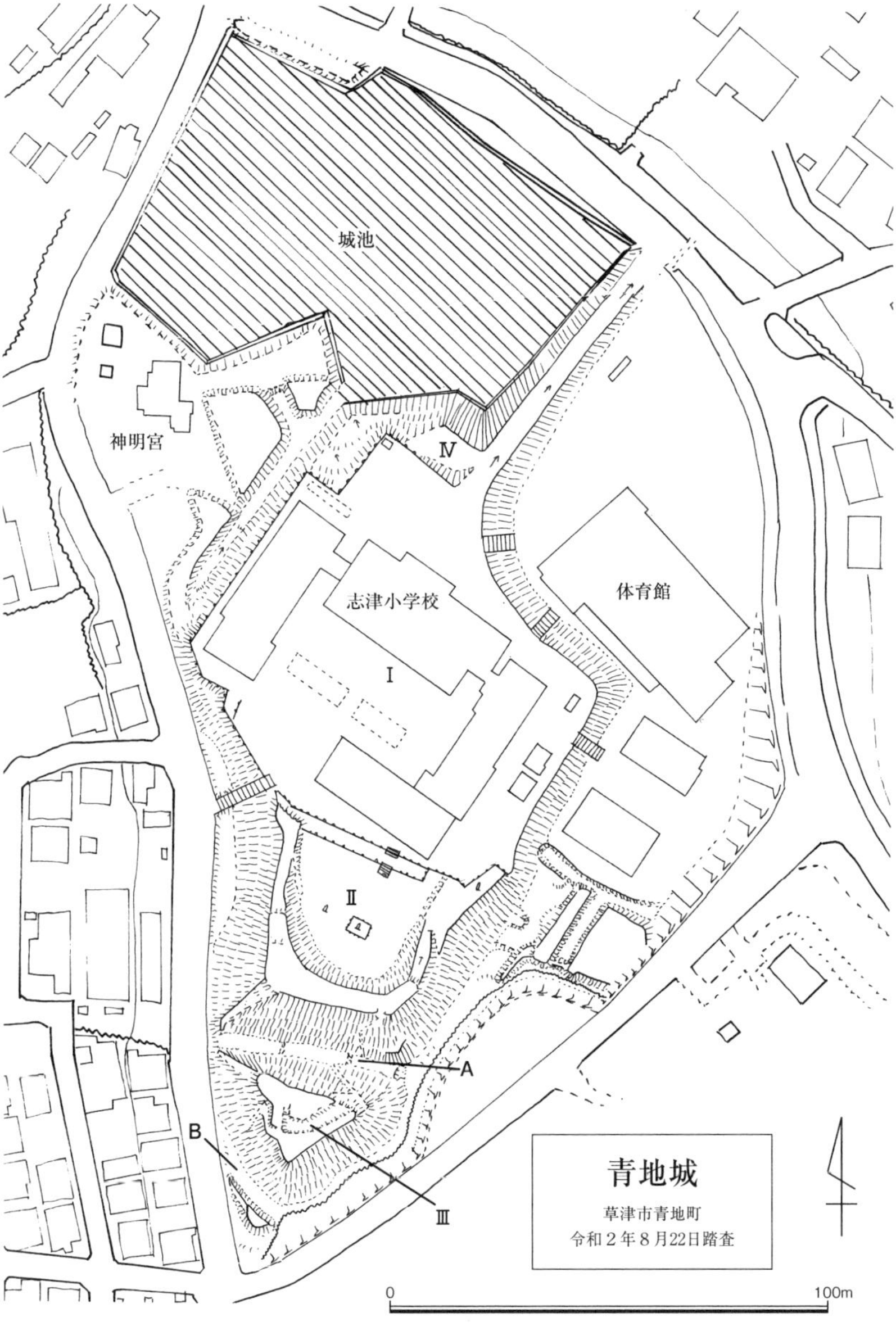

青地城跡縄張図（作図：髙田　徹）

36 瀬田城《せたじょう》

所在地　大津市瀬田二丁目
築城時期　永享年間？
主な遺構　土塁

瀬田川は琵琶湖から流れ出る唯一の河川だが、旧栗太《くりた》郡と旧志賀郡を分けていた。古代の壬申の乱以来、しばしば瀬田の唐橋を挟んでの攻防が繰り広げられた。瀬田の唐橋の南約一二〇mの位置に瀬田城跡はある。瀬田城が築かれた意味・役割はさまざま考えられるが、瀬田の唐橋が大きく関わっていたことは想像に難くない。

『近江栗太郡志』では勢多判官中原氏が築いたが、時期は不詳とする。『寛政重修諸家譜』によれば、甲賀郡の領主だった毛枚資広《もびらすけひろ》が永享年間（一四二九～四一）に「勢多の山田岡」に築いたのが初めという。資広は「山田岡」にちなんで、名字を「山岡」と称するようになる。続いて景長・景秀・景昌・景綱・景就・景之・景隆と山岡氏八代の居城となった。景隆ははじめ佐々木六角氏に仕え、後に織田信長に仕えている。信長自身はしばしば瀬田城に入城した。天正十年（一五八二）の本能寺の変後、景隆は瀬田の唐橋を焼き払い、明智光秀軍の侵攻を停滞させた。翌十一年の賤ケ岳の合戦時に景隆は柴田勝家に内通したとして、羽柴秀吉によって瀬田城を追われてしまう。替わって秀吉は家臣の浅野長政を瀬田城に入れ、栗太・甲賀郡内で二万三〇〇〇石を与えた。同十五年に転封されるまで、浅野長政が城主であったという。『秀忠家記』によれば慶長五年（一六〇〇）の関ケ原の合戦時、西軍の立花宗茂が当城に入ったとあるが、『近江栗太郡志』はこれを瀬田川の中島に営んだ臨時的なものであったと考えている。

江戸期になって京都龍安寺の僧・雪庵が膳所藩主本多氏に請いて城跡に一庵を設けたという。この庵はやがて廃絶したが、貞享元年（一六八四）に僧・天寧が改めて一庵を建てて「臨江庵」と名付けた。延享年間（一七四四～四八）に藩主本多氏は庵主に別地を与え、宝暦九年（一七五九）にこの地へ藩主別邸を建てている。明治になると民間人の所有となり、大正六年になると建物が新築され、庭園が整備された。この際、西・南の城館遺構を破壊したが、他の二方向は樹木が茂った状態に止めおいたという。

瀬田川に面する県道二九号脇Aには昭和四十年建設の「勢多古城址碑」が建つ。石碑の建つ東側、現在マンション（少し以前まで旅館臨湖庵であった）が城の主体部であったのは明らかである。石碑近くの県道沿いには高さ一〜二・五mの石垣が見られるが、いずれも新しい。ただし、城に用いられた石も含んでいるのかもしれない。

北側から見た土塁状遺構

マンションの入口は北側にあるが、入口近くには高さ約三・五mの土壇Bがある。土壇B中央には東屋があり、子細に観察すると東屋の南北にそれぞれ高さ一・五mほどの土塁が認められる。元は南北の土塁は一つにつながっていたと思われる。

さらに観察すると土塁裾部の土壇は、コンクリートで固められ、元はさらに高まりが東側へ伸びていたとみられる。ちなみに土壇の南側は平成十八年に発掘調査され、鎌倉後期の土塁が出土しているが（大津市教育委員会

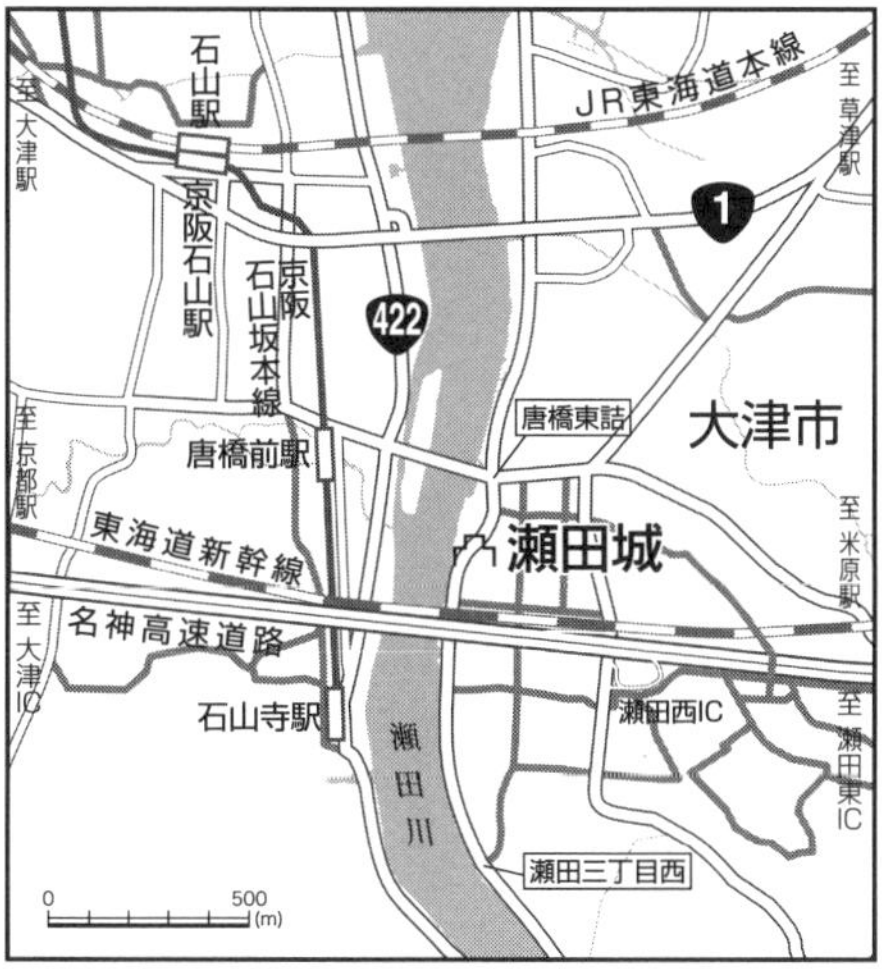

瀬田城へのアクセス
JR石山駅から1.6㎞、駅にレンタサイクルあり。京阪唐橋前駅から700m。

二〇〇七）、時期には再考の余地がある。

明治二十五年の地形図「瀬田」を参照すると、城跡は瀬田川に向かって細長く突き出した丘陵先端にあったことがわかる。そして瀬田の唐橋東岸から南へ伸びた道の西側にあり、一帯はほぼ竹藪となっている。唐橋から伸びる道は今もほぼそのまま残っている。城跡の南東側では折れ曲がっていたが、現状ではほぼ真っすぐとなっている。また北側に崖線の表記Cがあり、塁線の一部ではないかとみられる。崖線Cはマンション北側の土壇Bに近接しており、関係性が気になるところである。

さらに国土地理院の傾斜量図を参照すると、現在宅地となっている部分には、南北に伸びたクランク状に折れた段差Dが認められる。昭和二十一年撮影の空中写真を見ると、段差Dの東側に樹木が茂った箇所がある。

Aの瀬田城碑（西側から）

Dは土塁内法の痕跡であり、その外側に土塁本体、さらに堀が存在したと考えられる。さらにD南端は、丘陵からやや突き出しているようにもみえる。

Eには空中写真・現状の観察によっても高さ約二mの段差が明瞭である。Eが城域の南限となろう。

上記を総合すると、城域はおよそ東西一二〇m、南北一四〇mの規模が推定できる。西側は、土壇の存在から一段高く主郭が設けられていたのかもしれない。クランク状に折れる段差D（≒土塁）は横矢掛かりを意識したものであろうか。虎口に対応したものだったのならば、南東付近に虎口はあったとは考えられはしないか。ならばDの南端の突き出しには、櫓台が比定できるかもしれない。一見した限りでは石碑だけしかない城跡に思えるが、土塁や土塁由来と考えられる段差を残している。城域については他の案も考えられるかもしれないが、諸資料や現状を通じて前記のように考えてみた。

なお『近江栗太郡志』には、撮影場所不明の城跡写真が掲載される。中央に堀跡らしきところがあるが、幅は狭く、対応する土塁も見当たらない。臨湖庵として整備・改変された後の姿を写したものではないか。

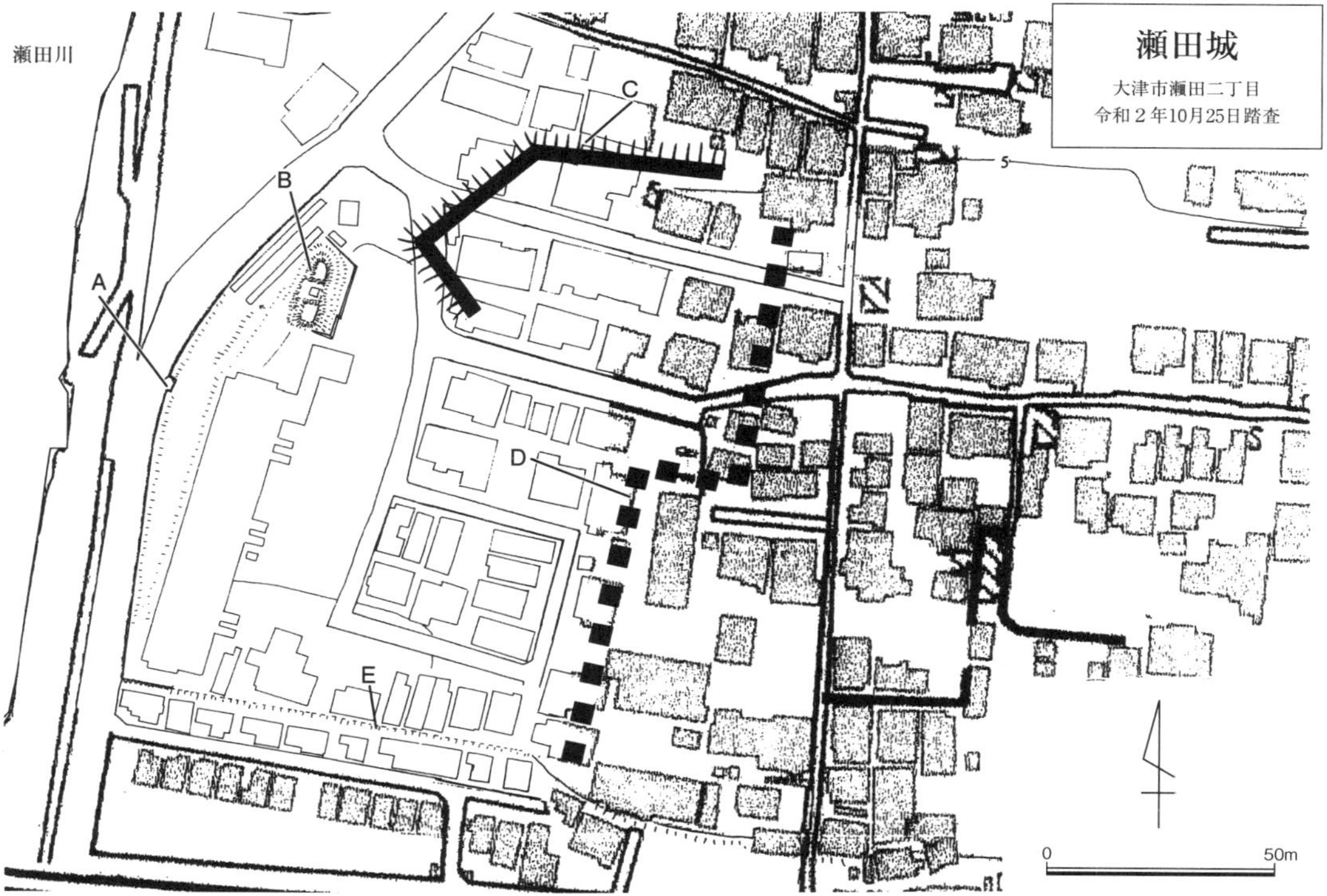

瀬田城跡周辺図（作図：髙田　徹）
Cのケバは旧崖線、Dの破線は段差を示す。

37 大石館《おおいしやかた》

所在地　大津市大石中七丁目
築城時期　戦国期？
主な遺構　土塁・堀

琵琶湖から南に流れる瀬田川は、中流域で流れを西に変える。この一帯が大石地区であり、中世には大石氏一族の居館が複数あった。『近江栗太郡志』によれば大石氏の歴史は複雑であり、その居館についてもはっきりしないところが多い。

小山朝政の後裔が大石荘の地頭となり、その一族が下司職となって大石氏を称したのが始まりだという。佐久《さく》奈度《など》神社西南の丘上に「小山屋敷」と呼ばれた居館があったとされる。同社は昭和三十九年に遷座しているが、現在の鎮座地が「小山屋敷」にあたると考えられる。

大石氏は応仁の乱でいったん絶えたが、一族の小山氏が後を継ぎ、天文・永禄期（一五三二～六九）には四、五家となって栄えたという。嫡流である大石光重は織田信長に所領を没収されたが、中家・東家・新家は存続した。東家では、大石良信が豊臣秀次に仕えたが、長男の良照は東村に残って家を守った。万治元年（一六五八）の佐久奈度神社記録には「東村字大谷大石久右衛門屋敷、東西十間、南北十二間」と記され、当時は年貢の掛からない除地《よけち》となっていた。これが東家の居館である。なお良照の弟良勝は浅野長重の小姓となり、後に家老となっている。良勝の孫は赤穂藩家老として名高い大石内蔵助良雄である。

大石東一丁目にある浄土寺は大石氏菩提寺であり、本堂の裏手には大石氏墓碑がある。墓碑の東側には、一段高くなった平坦地があり「大石久右衛門良信邸趾」石碑が建つ。ここは「大石東館跡」とも呼ばれている。

ただし平坦地の規模は狭く、屋敷地なのかは疑問が残る。ちなみに背後の山上には妙見山城が存在する。

『近江栗太郡志』は大石南家の項に、「大石中より竜門に越ゆる丘上の邸地は南殿の遺趾なるべし」と記す。ま

Ⅰの土塁と石碑（西側から）

た大石在住の大石氏の項では「古屋敷」とも呼ばれる山中の屋敷は「中村より竜門に越ゆる山中に在る邸地にて、中村の平左衛門の邸地ならん」と記す。

　いずれも断定することなく館主を南家、あるいは大石平左衛門ではないかと述べるに止まる。同書にいう大石平左衛門は名を良定といい、山口玄蕃らに仕えたという。後に致仕して大石に戻り、慶長十三年（一六〇八）に没したとも記す。

　万治元年の佐久奈度神社記録には「大石兵左衛門邸は中村畑林にありて九畝十五歩の地に桁行六間梁行■間の家」と記す。『近江輿地志略《おうみよちしりゃく》』は中村には二カ所の城があり、一つは山地にあって「古屋敷」と呼ばれ、一つは平地にあって東西二〇間、南北三〇間の屋敷と記す。

　つまり中村には山地の「古屋敷」と平地の屋敷の二つがあり、前者が以下に述べる昭和四年に滋賀県保勝会が「史跡大石氏邸趾」碑を建てた場所（Ⅰ）にあたる。後者は、伝承が伝わらない。

大石館へのアクセス
JR石山駅から9.5㎞、車で21分。南郷ICから6.4㎞、車で9分。

Ｉ背後（東側）の土塁（西側から）

山地の「古屋敷」（Ｉ）は東西約四〇ｍ、南北約二五ｍの規模である。細長く伸びた尾根の背後を掘り切り、かつ内側を大きく掘削し、盛土を施している。背後は幅約五ｍ、深さ約二・五ｍの堀切で区画する。ただし、堀切は後世の道と重なり、かつ土塁を崩した土によって埋められたところもあり、改変を受けている。堀切からはやや湾曲しながら竪堀が土塁に沿って伸びているが、先端は茶畑と道によって失われている。

堀切の内側にある土塁は、曲輪からの高さが約五ｍあり、中間部分に段を設ける。段の中央には鎌倉期のものと考えられる宝篋印塔がある。土塁の高さも注目されるが、内側法面には石を貼った形跡がある。土塁直下に井戸を思わせる穴があるが、方形に掘り込まれているため井戸とは考えにくい。

土塁は西方に行くに従って下降し、曲輪の南北を囲む。北側では高さ約六〇㎝、南側では約一ｍとなる。土塁の開口部はＡ・Ｂ・Ｃの三カ所がある。Ｃは後世の破壊とみられる。虎口はＡかＢ、もしくはＡ・Ｂ併存と考えらえる。Ａの北側はやや土塁裾が広がるが、石碑が建つ場所であるから改変を受けた状況も考えておくべきだろう。Ｂの北西側では、わずかながら土塁が突き出している。

Ｉの西方約一一〇ｍの位置には尾根を区切る高さ約一ｍの土塁Ｄがある。その西側のⅡは平坦となり、一角に江戸期の墓石が建つ（摩滅して銘文は読めない）。Ⅱも居館跡であった可能性がある。ただし、平坦地をかすめるように斜めに伸びた土塁Ｅは、土地境界土塁の類と考えられる。城郭遺構に似て非なる〝城郭類似遺構〟であろう。

Ⅱは未整備ながら、Ｉは近年草木がかなり刈りはらわれ、とても見やすくなっている。尾根を掘り込んだ土塁が見どころである。

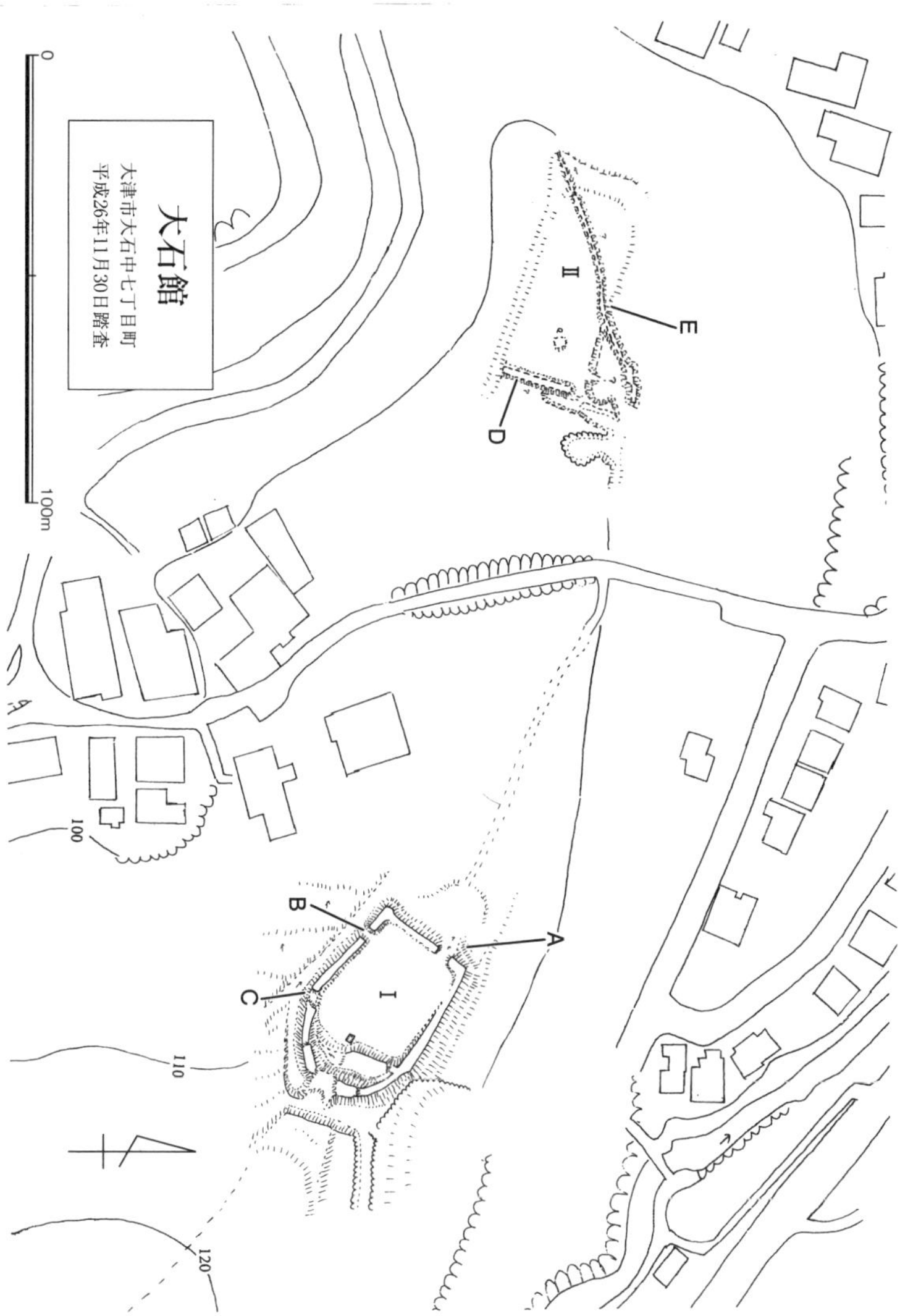

大石館跡縄張図（作図：髙田　徹）

38 小川城《おがわじょう》

所在地　高島市安曇川町上小川
築城時期　戦国期？
主な遺構　土塁・堀

小川城は、近江聖人として名高い中江藤樹《なかえとうじゅ》の藤樹書院のある上小川集落のすぐ西側にある。現在は城跡のすぐ西を国道一六一号が伸びているが、以前は周囲を水田に囲まれていた。

『高島郡誌』によれば佐々木氏家臣の小川秀康の居城であったという。後に小川内蔵允が城主である時に織田信長のために落城した。その嫡子の庄右衛門は初め松平忠吉（徳川家康四男）、次いで徳川義直（家康九男）に仕えて八百石を領したという。次男の雪綱は豊臣氏に仕えた後、小川城に退隠した。雪綱の子の助右衛門は豊臣秀頼に仕えたが大坂の陣後に帰村し、子孫は郷士になったと記す。城跡の高四石は除地《よけち》（年貢の掛からない土地）となり、明治に至ったとある。

城跡の土塁が残る部分は、ご子孫の宅地となっている。敷地の南西、公道に面したところには「小川城」と記した小さな立札があるけれども、立ち入る際には許可をえる必要がある。ただし、国道一六一号の側道からならば土塁を間近に見ることが可能である。

Aの土塁は高さ約一m、幅約六mである。西端では南側に折れている。以前は土塁の西端には、祠があった。土塁Aの東端の石列で囲まれたところは、当家の墓所である。墓所から土塁は南側に折れる。Bには建物が建ち、本来の高さが失われているとみられるが、土塁Aに続く土塁痕跡だとわかる。土塁Aと土塁Bに囲い込まれた範囲には、一つの曲輪が想定できる（Ⅰ郭）。

土塁Aの東端、墓所の東側には土塁Cが続くが、高さ約一m、幅約一mと小規模である。土塁Cに囲い込まれる範囲には、Ⅰ郭よりも下位となるⅡ郭が存在したと考えておく。

小川城には文化元年（一八〇四）に写された慶長年間

Ⅱ郭北側の土塁（西側から）

（一五九六～一六一五）の様子を描いた「天正十年小川城明智氏ノ為ニ陥ツ当時子孫割居図」という絵図が残される。この絵図は、天正十年（一五八二）時点の小川一族の館を示すことを主眼としているが、以降の情報も入り混じっている。また各屋敷地の虎口やそれぞれをつなぐ道は描かれておらず、構造面で不明瞭なところがある。

絵図によれば全体は九つほどの曲輪・区画から構成され、東西一町（約一〇九ｍ）、南北一三〇間（約二三四

小川城へのアクセス

ＪＲ安曇川駅南口から1.5㎞、駅構内観光案内所にレンタサイクルあり。

m）とある。Ⅰ郭北側に小川助右衛門、南側に小川伝次、Ⅱ郭中央に小川孫之丞、南側に小川又右衛門がいたと記す。Ⅰ郭の北東、Ⅱ郭との間付近には「泉池」を描き、そこから用水が伸び、東側の堀に流れ込んでいる。

Ⅰ・Ⅱ郭南側とⅡ郭東側には、小川内蔵允の子、孫、ひ孫からなる一族が居住していたと記す。彼らは大溝・南部・加賀・津・尾張藩に仕え、それぞれ所領を得ていたとある。文化元年時点ではⅡ郭部分以外の館は廃絶しており、各館主の履歴を遡って記したものであろうか。

堀の水は北東の用水から引き込み、途中で泉池から流れた用水と合流させ、南東隅で南側に流していたように描いている。南堀の内側には「字城カイト」という区画があったとしている。

現在はⅠ・Ⅱ郭の南側は、耕地整理を受けた水田となり他の曲輪（居館と言うべきか）の痕跡は見いだせない。昭和三十五年撮影の国土地理院空中写真を閲覧すると、やはり一帯は水田となる。ただ絵図に記された東堀に類似する地割を見出せる。絵図では「只今ハ神明講田也」とある。文化元年時点で伊勢参りするために組織された講の田となり、城跡の一部が共有地になっていたことが知られる。

地割の類似性やⅠ・Ⅱ郭をあわせた東西の規模は絵図の数値に近いこと等から、絵図の描写はある程度信頼できる。ただし注記内容には慶長期と文化元年時の記載が入り混じる。加えて絵図から知られる情報をどれだけ活

南側から見た小川城（左手は国道161号）

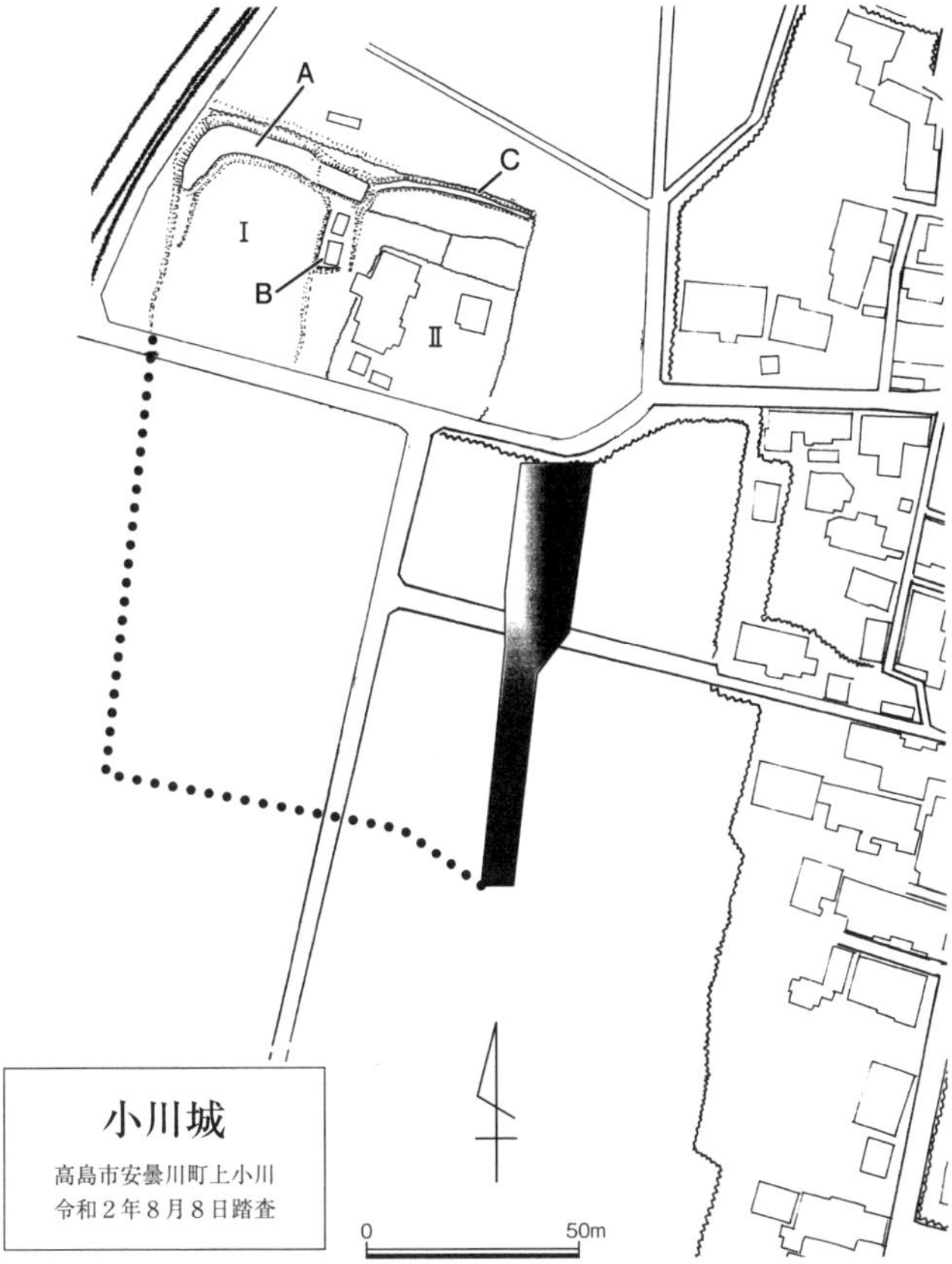

小川城跡縄張図（作図：髙田　徹）
（点線は絵図から知られる城の範囲。塗りつぶしは空中写真に表われた東堀比定地を示す）

用できるかが検討課題となる。しかしながら、近江には一族・同名中の居館が凝集する城館の存在が複数知られる。小川城が絵図とおりの構造であったと断定はできないが、複数の居館から構成されていたのは確実であろう。

織豊期から近世初頭にかけて、仕官先を求めて、あるいは仕えた大名に従って住み慣れた居所を離れた在地領主層やその子弟が少なくなかった。また太閤検地の際には、領主層（かつての城主）は武士もしくは農民になるかの選択を強いられた。郡誌や絵図を通じて、小川一族の帰趨も例外ではなかったことが知られる。

39 新庄城《しんじょうじょう》

所在地　高島市新旭町新庄
築城時期　室町期
主な遺構　土塁？

新庄城は、『近江輿地志略《おうみよちしりゃく》』には高島七頭のうち、新庄実秀の居所であったと記す。『高島郡誌』では日高山城（清水山城。高島市）の出城であり、越中（高島）氏守家臣である多胡上野が守ったと伝わるとする。そして天正元年（一五七三）に磯野員昌《かずまさ》が城主となったが、織田信澄は天正六年に大溝城（高島市）へ居城を移した旨を記している。磯野員昌は浅井長政に仕えて佐和山城を守っていたが、元亀二年（一五七一）に織田信長に降伏した。そして信長より高島郡を与えられ、新庄城を居所とした。しかし天正六年に員昌は出奔し、高島郡の所領は信長の甥で員昌の養子になっていた織田信澄に与えられた。信澄は天正六年もしくは同九年に大溝城を新たに築き、新庄城は廃城になった模様である。

『高島郡誌』は、新庄村南東にある二つの小丘がある字城ノ内、これに隣接する字二丸・三丸が城跡であると記す。小丘は明治三十七年の大洪水の折にかなり失われてしまい、同三十九年の耕地整理で水田として均されたらしい。城跡の南西には南市町と呼ばれる畑地があり、城があった時代には人家が続いていたとも記している。

昭和五十七・五十八年に国道一六一号バイパス工事にともない、字二ノ丸・三ノ丸の一部が発掘調査された。石列遺構、土塁状遺構、石組井戸等が見つかっており、出土した遺物の年代観はおよそ十五世紀末から十六世紀後半に比定されている。

中井均氏は、明治六年作成の地籍図を検討し、字庄村にある大善寺の西・北・東には堀もしくは土塁と思われる地割が見られること、この地割に対応する外区が東・北面にみられることを指摘する。そして新庄城の中心が大善寺であった可能性を述べている。字城ノ内については、城の範囲内におさまるものであり、最外部であった城下と考えている。城の範囲については字庄村・東町・西手・二ノ丸・三ノ丸・明光寺を想定する。

　さらに中井氏は発掘調査で明らかにされた遺構を検討し、字城ノ内付近は城館の主体部としてふさわしくないと指摘した。そして推論と断りつつ磯野氏以前の新庄城を大善寺境内の東側に想定し、寺院に隣接した城館であったと考えている（中井一九九二）。

大善寺東側の土塁（南東側から）

　こうした指摘を反映したのであろう、大善寺山門脇には高島市教育委員会が建てた「新庄城跡」の立札が建つ。ただし、文中では大善寺の土塁は「新庄城に関連した遺構と考えられています」と慎重な記述となっている。ちなみにかなり朽ちているが、新旭南小学校前には新旭町教育委員会が建てた新庄城を示す立札が建つ。

　現在、大善寺境内を囲うように土塁が残っている。高さは五〇cm～一m前後と低い。幅は八m前後の部分が多いが、北東部では約三mと小規模になっている。コ字形にめぐらされた土塁内側の南西寄りに大善寺境内があり、

新庄城へのアクセス
JR新旭駅から1.9km、駅前観光協会にレンタサイクルあり。

大善寺北側の土塁（西側から）

その北・東側は水田となる。境内から土塁に続く小道が伸びており、東側の土塁上には墓地がある。聞き取りによれば、土塁までが本来の境内とのことである。土塁によって囲い込まれる範囲は約八〇m四方である。

土塁囲みは規模の大きな方形館を想起させ、これが新庄城あるいは関連遺構であったとの見方もできよう。ただし付近では発掘調査が行われていないから、土塁や周辺地割が造られた時期は不明である。発掘調査で見つかった土塁状遺構等と時期が同じかも不明なのである。

また大善寺の土塁には次のような疑問点がある。①土塁の規模に対応する堀の痕跡が見られない、②現状で虎口を考えると南側のみに想定される（北側に開口部があるが、幅や状態から見て農道用に設けられたと考えられる）、③改変の可能性はあるが北西の土塁幅が著しく狭い、④平地であるにも関わらず北側の塁線が一部斜めに伸びている、等となる。土塁がはっきり残るにも関わらず、大善寺には城跡としての伝承が残されていないのも引っかかる。『高島郡誌』によれば大善寺は延暦年間の創建で、当初は堂立山にあったが寛平年中に現在地に移ったとされる。八田三河守、織田信澄の崇敬が厚く、信澄は大溝城下に別院を建立したと記される（今も高島市勝野に大善寺がある）。現在の大善寺境内が新庄城跡ならば、当時の大善寺はどこにあったのか。別院を設けるほどの法灯をどのように伝えてきたのであろうか。

こうしてみると城の主郭部はやはり新旭南小学校の南方、字城ノ内に求めるべきであろう。廃城時の破却、その後の耕地化、さらに明治期の洪水・耕地整理により早くに痕跡を失ったものと考えたい。字二ノ丸で見つかった土塁状遺構等は、家臣屋敷に伴うものと考える。

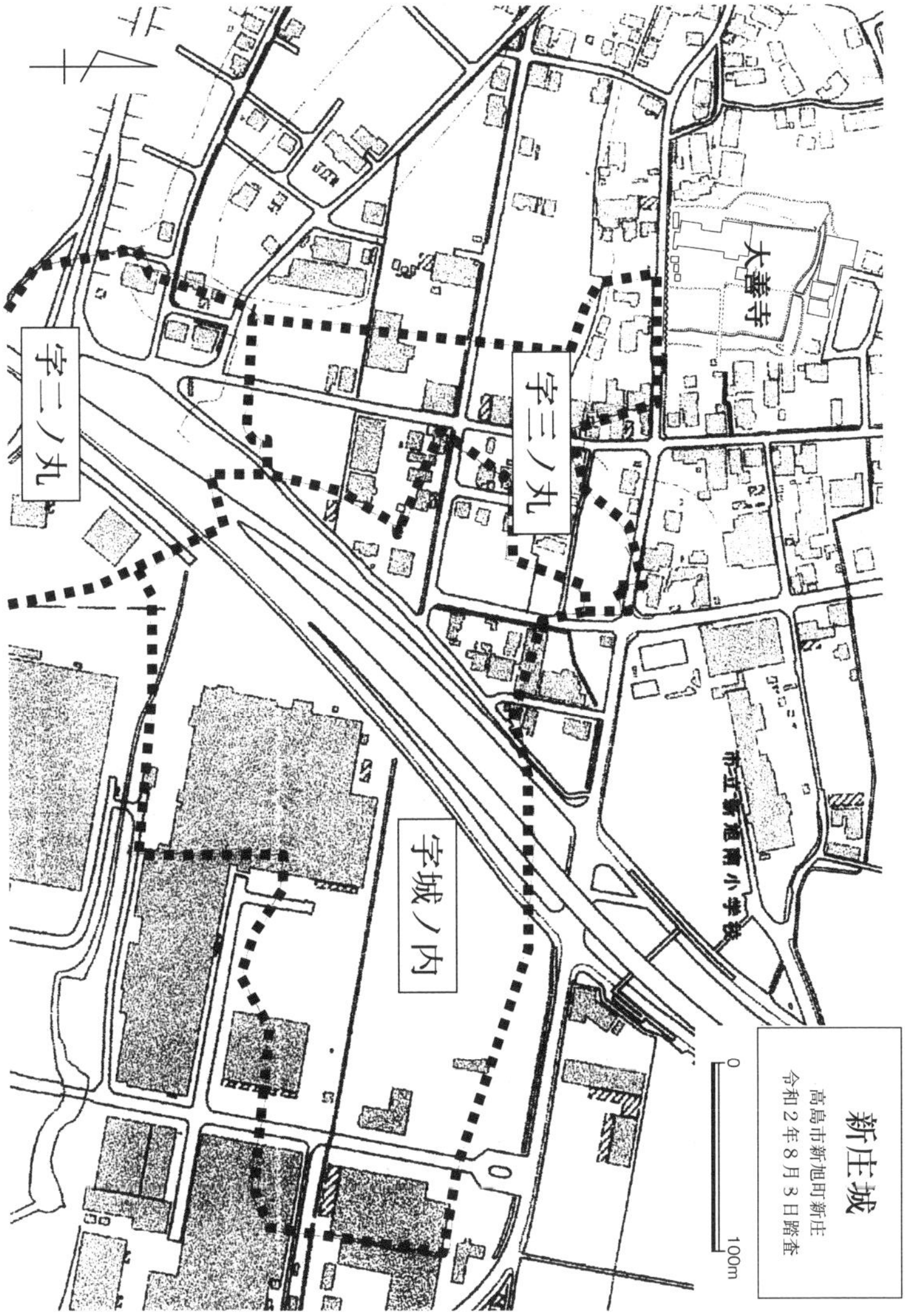

新庄城跡縄張図（作図：髙田　徹）

40 岩神館《いわがみやかた》

国指定名勝　（旧秀隣寺庭園・昭和十年）

所在地　高島市朽木岩瀬
築城時期　享禄元年（一五二八）
主な遺構　土塁・堀・庭園

岩神館は、元は朽木谷《くつきだに》の領主であった朽木《くつき》氏の居館であり、十五世紀には惣領家の住む「上殿」と呼ばれていた。安曇川《あどがわ》下流には「下殿」があり、これは近世朽木氏陣屋跡にあったのではないかと考えられている（朽木村史編さん委員会編二〇一〇）。岩神館を著名なものとしているのは、一時的ながら足利将軍の御所となったこと、御所に伴う庭園を今に残すことである。

享禄元年（一五二八）、室町幕府十二代将軍であった足利義晴は三好元長らとの関係が悪化し、朽木稙綱を頼って近江に下った。稙綱は将軍の御所として自らの居館を提供し（『高島郡誌』では義晴のために館を造営したと記す）、義晴は享禄四年までこの地に留まった。その後天文二十年（一五五一）から翌二十一年、同二十二年から永禄元年（一五五八）には、十三代将軍の足利義藤（義輝）も朽木に逃れ、岩神館に滞在している。この折、庭園（旧秀隣寺《しゅうりんじ》庭園。足利庭園とも）が設けられたと言われている。

興聖寺《こうしょうじ》本堂の正面向かって左手（南西側）が、館跡である。コ字状に堀・土塁が残っている。東西の規模は約六〇mである。南北の規模は現存する北側の堀・土塁を参考にし、庭園を囲む範囲を考えると約七〇mとなる。館自体は西側から緩やかな傾斜で伸びた尾根末端近くにある。南側はもともと一〇m前後の段差があり、段差を利用して区画・防御としていたと考えられる。さらに南端近くに庭園が設けられ、主に北側から眺める形になっている。段差越しに目に入る周囲の景色を借景としている。

居館の背後にあたる位置には、ほぼまっすぐに伸びる幅約九mの堀で区画し、内側に高さ約三mの土塁を設けている。土塁・堀は北東端のAで折れ、わずかに伸びたところで終わる。隣接する本堂の建設時に崩され、埋められたと考えらえる。

堀・土塁は南西端のBで折れ曲がり、その後下降しながら消滅する。本来は南側の段差まで伸びていたと考えられる。Bの堀底には段がつけられる。地形に即して堀・土塁が下降するのに対応させた処置である。

館の南端近くには、旧秀隣寺庭園Cがある。室町期に作庭された代表的庭園として、昭和十年に国指定名勝に指定された。池には二つの中島を設け、石橋を掛けている。立てた石を多く用いている。細川高国が作庭したとも言われるが、はっきりしない。

東側から見た土塁

庭園の南東のDには、食い違い虎口を思わせるところがある。片側は土壇状となり、もう片側は墓碑が建つ高まりとなる。付近は墓碑のほか、庭園と道を区画する石塀もあって旧状が定かではない。またDが虎口であったと仮定すると、やや狭い感があるし、庭園に接した位置に虎口を設けるのかといった疑問がわく。もちろん複数の虎口があり、その中の一つであったと考える余地はあ

岩神館へのアクセス
JR安曇川駅から江若バスで30分朽木学校前下車、800m。国道367号、道の駅くつき新本陣から1㎞。

ろうがそれ以上はわからない。

往時は館の周囲に将軍に従った家臣らの屋敷も存在したはずだが、今となっては地表面で痕跡が追えない。そもそも城館は先述のように六〇×七〇mの規模が想定されるが、背後の土塁に接した部分は高くなっている。また庭園周りは、ほぼ空閑地となっていたことであろう。すると城館のうち、建物が広がっていた範囲は意外に狭くなる見込みとなる。一般的な在地領主の城館としては標準的、あるいはやや広め程度と言えようが、将軍の居所・政庁としてはどうであったか。やはり周囲に関連する建物や家臣らの屋敷が存在したとみるべきであろう。

旧秀隣寺庭園（南西側から）

なおここで秀隣寺と興聖寺について説明しておく。秀隣寺は慶長十六年（一六一一）に朽木宣綱の妻を葬るため、岩神館跡に建立された。興聖寺は朽木氏の菩提所として安曇川対岸の指月谷にあったが、享保十四年（一七二九）に秀隣寺の場所に移り、現在に至っている。秀隣寺は移転し場所を変えたが、庭園は旧秀隣寺庭園と呼ばれている。

岩神館・旧秀隣寺庭園を見学するには、興聖寺庫裏で拝観を願い出る必要がある。岩神館に限った話ではないが、城跡が寺社となっている場合はまずは本堂・社殿等に手を合わせておきたいものである。当寺の御本尊は明治四十二年に旧国宝に指定され、戦後は重要文化財となっている。他の仏像と共に、間近で拝むことができる。平安期の優れた仏像彫刻であるので、間近でゆっくり拝観されることをお勧めする。

城館の土塁は墓地側から見ることができるが、背面の堀は土塁上から見下ろすしかない。庭園についてはほぼ四方から配石を鑑賞できる。

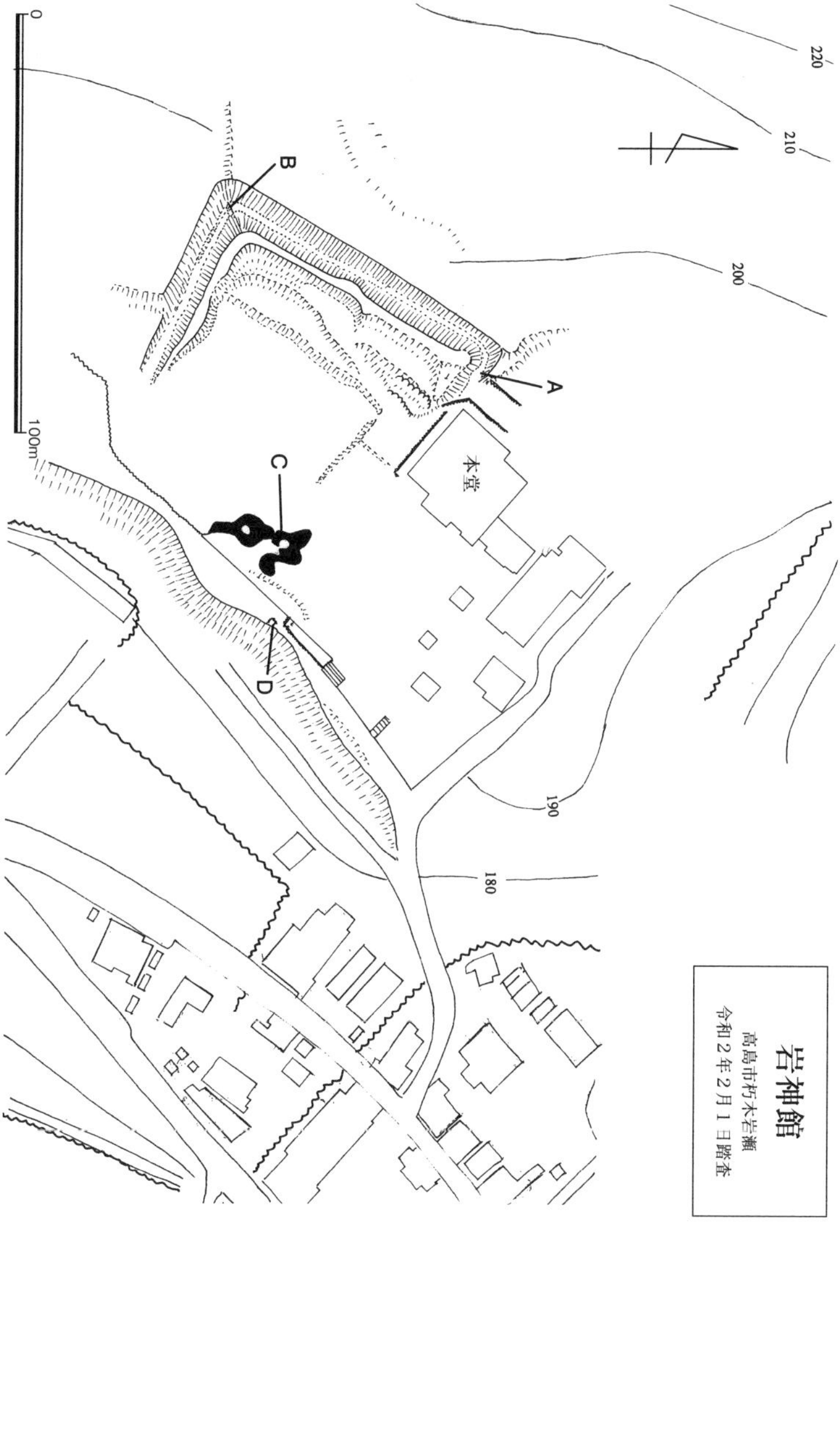

岩神館跡縄張図（作図：髙田　徹）

コラム

平地城館の調べ方——ウェブサイト編

本書に挙げた縄張り図では、ベースとなる地形図は主に国土地理院の地理院地図を拡大し、トレース・加工して利用している。紙に印刷された地形図では、平地部の集落の範囲を斜線、宅地を黒塗りの方形区画で表現し、模式化して示すのが一般的である。これに対しウェブサイトを利用する地理院地図は、適宜更新がなされているうえ、個々の宅地の規模・形態がほぼ忠実に表現される。小さな作業小屋や倉庫等まで表わされている。縮尺も調整可能である。さまざまな機能が付加されていて便利極まりなく、さらに無料で利用できるのである。

同じく国土地理院の「地図・空中写真閲覧サービス」も至便である。ウェブサイト上で空中写真が無料で閲覧できる。特に戦後まもない時期に、米軍が撮影した空中写真が有益である。古い時期に撮影された空中写真では、土地改良・圃《ほ》場《じょう》整備がいまだ行われておらず、開発が進んでいなかった時期の城館跡が写り込んでいる。今は失われた堀・土塁・地形上の段差が読み取れる。本書を記すにあたっても、大いに利用させて頂いている。筆者は不得手ながら重なるように撮影された二枚の空中写真があれば、立体視（実態視）が可能となる。土塁の高まり、低くなった堀跡の状態を読み取ることができるのだ。

空中写真といえば、Google MapやYahoo!地図も便利である。国土地理院よりも新しい空中写真が用いられていることもあり、位置確認が行いやすい。

またGoogle Mapには、ストリートビュー機能がある。パソコンやスマートフォン等の画面中で、道際から平地城館を周遊できる。狭い道に入り込むことはできないが、道沿いに遺構があるかないか、ありそうな場所等を現地探訪前にチェックできる。事前に駐車できそうな場所を探すこともできるというメリットもある。

この他、アメリカのスタンフォード大学のサイトでは、戦前の国内主要部5万分の1地形図が閲覧できる。滋賀県南部の一部は閲覧できないが、旧地形や古い道を知ることができる。時系列地形図閲覧サイト「今昔マップ on the web」では、新旧の地形図を並列させて比較することが可能となる。この他にもウェブサイトでは平地城館を調べたり、歩いたりする際、利用価値が高く、無料で利用できるものが多い。著作権に注意した上で、積極的な有効活用を図りたいものである。

おわりに

山城も良いが、平城だって魅力もあれば見どころだっていっぱいある。何より老若男女を問わず、訪れやすい。そして滋賀県には著名かつ歴史の舞台となった平地城館が数知れない。

平地城館について一冊にまとめてみたいと提案したところ、サンライズ出版の岩根治美専務は「それは面白そう！　ぜひやりましょう」と即答してくださった。筆者としてはキリの良いところで50城としたかったが、諸般の事情で40城を取り上げることになった。ではどのような40城を選ぶかということだが、これが結構難しかった。あれもこれも、とついつい欲が出てくる。たちまちエントリーが40城をすぐ越えてしまう。

それでも、地域的なバランスや特徴的な遺構を残すもの、著名なもの等をとりあえず選んでみた。その上で県内の平地城館のうち、遺構が残っている可能性のあるところを極力見て回ることにした。現地を見たあとに40城を決めようと考えたのである。

実際に現地を訪れてみると、草木が茂ったり個人宅等であったりと、あるいは全く遺構の確認ができないところがあった。許可を得て立ち入っても、草ぼうぼうでなす術のない場合もあった。

過去の滋賀県による分布調査報告書に存在が示されていたにも関わら

ず、すでに失われてしまった遺構もあった。それも一つや二つではない。

愛荘町の市村城では、集落の南側に土塁があるというので現地に行ってみた。すると、そこは更地となってしまっていた。しかも最近更地になったかのようである。もう少し早く訪れる機会があれば、自分の目で見ることができたのではないか。悔やまれてならない。

反対に豊郷町の高野瀬城は、滋賀県の分布調査報告書では遺構について触れるところがない。しかし、周囲を歩き回っていたら、一部ながら今も遺構が残っていることを確認できた。

一九八〇年代、滋賀県教育委員会による分布調査報告書は、その当時にあって実に画期的な成果であり、刺激的な内容であった。他県の分布調査、城郭研究者に与えた影響は計り知れない。かくいう筆者も大学生の時から今に至るまで恩恵に与っている。

しかしながら、分布調査報告書刊行後に失われた城館もあるし、再考されることなく半ば忘れ去られてしまった城館もあったのである。

本書の原稿を書きながら、現地を見て回ることで筆者は多くのことを学び、知ることができた。今回取り上げられなかったが、あれこれ書いてみたい城館は少なからずある。決して本書に取り上げた城館が優れているわけでもなければ、選りすぐりで見ごたえがあるという話ではない。40城は、一面では地域的なバランスと編集上の都合に過ぎないのである。それでもなるべくおもしろそうな諸々を考えることができる平地城館を取り上げたつもりである。

ちなみに最後に選んだ城館は、甲賀市の竹中城であった。夏場に一度訪れたが入口がよくわからず、遠望した限りでは藪蚊がいっぱいそうで断念した（実際、夏場の藪蚊は凄まじいらしい）。秋になって再訪したところ、藪蚊はいなかったが藪化は凄まじかった。それでも竹をかき分けて歩いてみれば良好に残る堀・土塁に感嘆した。ところで筆者はどこの城跡に行った際にも、なるべく地元の人たちと話すようにしている。というか、話をするのも城跡歩きにともなう楽しみの一つなのである。

竹中城の近くに住む方からは、昔は井戸があったということや子供の頃は遊び場になっていたことをお聞きした。先日、遠方から十人くらいの団体客が訪れることを聞くや、慌てて入口の草刈りをしたとも話されていた。そういえば、虎口近くでは刈りたての草が寄せてあったのを思い出した。城跡に対する地元の方の心遣いがとても嬉しく感じられた。

また近くの畑を耕していた女性は今も竹中城跡の一部を所有されているのだという。国指定史跡に関する書類にハンコを押す際、ずいぶんためらわれたそうである。その気持ちは良くわかる。いったん国指定史跡になれば、個人の土地であっても、さまざまな制約・規制が生じるからである。

それでも最終的には同意のハンコを押された。その結果、竹中城は甲賀市によって管理維持されるようになり、我々は訪れやすくなったのである。城好きの一人としてお礼を申し上げると、女性は笑っておられた。その優しさが伝わってきた。

他の城館を訪れた際にも、むかし話、城跡を守り伝えていくなかでのご苦労話、脱線ついでの与太話等など、あちこちで楽しいひと時を過ごさせて頂いた。

週末が近づくと、今度は滋賀県のどのあたりに出掛けようかと、地図を見ながら思案する。そんな筆者の顔を見て、我が家の長男は「お父さん、週末は庭に出掛けるのか？」とからかう。まだまだ行っていない城館・寺社・史跡も多いし、滋賀県を庭と言うのは恐れ多い。しかし、今回の平地城館巡りを通じて馴染み深くなったのは確かである。

城跡近くで出会った方々、名前も存じない方も多いが、ここにお礼を申し上げる。

また出版事情が厳しいなか、今回もサンライズ出版の岩根治美専務には深いご理解、そして時に厳しい突っ込み（笑）を頂いた。厚く、厚く感謝申し上げたい。

令和三年七月

高田　徹

須川館（米原市）を調査する著者

参考文献

自治体史等

近江愛智郡教育会　一九二九『近江愛智郡志』巻二
蒲生郡役所　一九二二『近江蒲生郡志』巻八
蒲生町　二〇〇〇『蒲生町史第三巻考古・美術・建築・民俗』
朽木村史編さん委員会編　二〇一〇『朽木村史通史編』
黒田惟信　一九二七『近江東浅井郡志』巻一
甲賀郡教育会　一九二六『甲賀郡志』上・下
甲賀市　二〇一〇『甲賀市史』第7巻甲賀の城
坂田郡役所　一九一三『近江坂田郡志』下巻
山東町　一九九一『山東町史』本編
滋賀県栗太郡役所　一九二六『近江栗太郡志』巻二
新旭町誌編さん委員会　一九八五『新旭町誌』
高島郡教育会　一九二七『高島郡誌』
長浜市史編さん委員会　二〇〇三『長浜市史』第七巻地域と文化財
日野町教育会編　一九三〇『近江日野町志』巻上
秦荘町史編纂委員会　二〇〇五『秦荘の歴史』第一巻古代・中世
栗東町史編さん委員会　一九八八『栗東の歴史』第一巻古代・中世編

史料

太田牛一著、奥野高廣 岩沢愿彦校注　一九六九『信長公記』（角川書店）

城郭関連書籍

大津市史編さん室　一九八五『大津の城』（大津市役所）
儀平塾編　二〇一一『鈴木儀平の菩提寺歴史散歩』（サンライズ出版）
小島道裕　一九九七『城と城下―近江戦国誌』（新人物往来社）
近藤滋他編　一九八〇『日本城郭大系』第11巻京都・滋賀・福井（新人物往来社）
滋賀県教育委員会　一九八四『滋賀県中世城郭分布調査2（甲賀の城）』
滋賀県教育委員会　一九八五『滋賀県中世城郭分布調査3（旧野洲・栗太郡の城）』
滋賀県教育委員会　一九八六『滋賀県中世城郭分布調査4（旧蒲生・神崎郡の城）』
滋賀県教育委員会　一九八七『滋賀県中世城郭分布調査5（旧愛知・犬上郡の城）』
滋賀県教育委員会　一九八九『滋賀県中世城郭分布調査6（旧坂田郡の城）』
滋賀県教育委員会　一九九〇『滋賀県中世城郭分布調査7（伊香郡・東浅井郡の城）』
滋賀県教育委員会　一九九一『滋賀県中世城郭分布調査8（高島郡の城）』
滋賀県教育委員会　一九九二『滋賀県中世城郭分布調査9（滋賀郡の城）』
谷口克広　一九九九『織田信長家臣人名辞典』（吉川弘文館）
寺井毅　二〇一八『図説日本の城郭シリーズ⑩尼子氏の城郭と合戦』（戎光祥出版）
中井均　一九九七『近江の城』（サンライズ出版）
中井均編　二〇〇六『近江の山城ベスト50を歩く』（サンライズ出版）
中井均監修・城郭談話会編　二〇一四『図解近畿の城郭Ⅰ』（戎光祥出版）
中井均監修・城郭談話会編　二〇一五『図解近畿の城郭Ⅱ』（戎光祥出版）
中井均監修・城郭談話会編　二〇一六『図解近畿の城郭Ⅲ』（戎光祥出版）
中井均監修・城郭談話会編　二〇一七『図解近畿の城郭Ⅳ』（戎光祥出版）

中井均監修・城郭談話会編　二〇一八『図解近畿の城郭Ⅴ』（戎光祥出版）
西川幸治　一九七二『日本都市史研究』日本放送出版協会
村田修三監修・城郭談話会編　二〇一七『織豊系城郭とは何か』（サンライズ出版）
守山市公文書館　二〇〇八『守山城物語―埋もれた古城』
栗東市文化体育振興事業団　一九九一『栗東あれこれ十選』
栗東歴史民俗資料館　二〇〇〇『鈎の陣とその時代』

発掘調査報告書

愛東町教育委員会　二〇〇一『愛東町内遺跡発掘調査報告書Ｖ』
大津市教育委員会　二〇〇七『大津市埋蔵文化財調査年報平成18（２００６）年度』
草津市教育委員会　二〇一〇『青地城跡発掘調査報告書』
甲賀町教育委員会　一九九六『補陀楽寺城遺跡』
山東町教育委員会　一九九六『町内遺跡―大原氏館跡（第３次）・観音寺遺跡』
滋賀県教育委員会　一九八八『宇曽川災害復旧助成事業に伴う肥田城遺跡発掘調査報告書』
滋賀県教育委員会　一九八九『東野館遺跡発掘調査報告書―県道高山長浜線緊急地方道整備事業に伴う埋蔵文化財発掘調査報告書』
滋賀県教育委員会　二〇〇四『敏満寺遺跡』
長浜市教育委員会　二〇〇五『下坂氏館跡総合調査報告書』
長浜市教育委員会　二〇〇七『三田村氏館跡総合調査報告書』
長浜市教育委員会　二〇〇八『下坂氏館跡調査報告書２』
長浜市教育委員会　二〇一七『平成27年度小規模開発関連発掘調査報告書　垣見氏館跡確認調査報告書

史跡小谷城跡本丸石垣測量調査報告書』
秦荘町教育委員会　二〇〇〇『秦荘町文化財調査報告書第14集―町内遺跡発掘調査報告Ⅴ』）
東近江市教育委員会　二〇〇五『鯰江城遺跡・百済寺遺跡』
東近江市　二〇一〇『東近江市埋蔵文化財調査報告書第９集　高野遺跡・高野館遺跡』
東近江市教育委員会　二〇一四『平成22～25年度　市内遺跡の調査』
八日市市教育委員会　一九八三『内堀遺跡・後藤館遺跡発掘調査報告書』
八日市市教育委員会　一九八六『八日市市文化財調査報告７―昭和59年度埋蔵文化財調査報告書』

論文等

中井均　一九九一「新庄城の構造―特に発掘調査成果と織豊系城郭の変遷について」（滋賀県文化財保護協会『新庄城遺跡』）
小島道裕　一九八六「平地城館趾の調査から」（滋賀県総合研究所『近江の城』17）
山田昌功　一九八六「愛知川沿岸の城館をめぐって」（近江の城友の会『近江の城』22）
浜口潤二　一九九一「小川城（安曇川町）と小川氏をめぐって」（近江の城友の会『近江の城』39）
野田泰三　一九八九「中世の朽木氏について」（近江の城友の会『近江の城』34）

著者略歴

高田　徹（たかだ とおる）

1965年名古屋市中区三の丸生まれ。1988年皇學館大学文学部国史学科卒業。
城郭史料研究会・城館史料学会・城郭談話会会員。

著書：『絵葉書から分析する近世城郭の建築と空間』（戎光祥出版、2021年）
編著：『図説近畿中世城郭事典』（城郭談話会、2004年）など
共著：村田修三監修・城郭談話会編『織豊系城郭とは何か―その成果と課題』（サンライズ出版、2017年）、中井均監修『図解近畿の城郭Ⅰ～Ⅴ』（戎光祥出版、2014～2018年）、中井均・愛知中世城郭研究会編『愛知の山城ベスト50を歩く』（サンライズ出版、2010年）、三田市教育委員会『三田市史』3（2000年）、甲賀市『甲賀市史』第7巻甲賀の城（2010年）など。

近江《おうみ》の平城《ひらじろ》

2021年8月30日　初版1刷発行

著　者　高田　　徹
発行者　岩根　順子
発行所　サンライズ出版株式会社
滋賀県彦根市鳥居本町655-1
〒522-0004　TEL.0749-22-0627
FAX.0749-23-7720
印刷・製本　シナノパブリッシングプレス

ISBN978-4-88325-735-5 C0021